AF592202

ESPARGNE-BOIS,

c'est à dire,

NOUVELLE ET PAR-CI-DEVANT NON COMMUNE, NI MISE EN LUMIERE, INVENTION DE CERTAINS ET DIVERS FOURNEAUX ARTIFICIELS,

PAR L'USAGE DESQUELS, ON POURRA ANNUELLEMENT espargner une infinite de bois, & autres matieres nourrissantes le feu, & neantmoins entretenir es poiles une chaleur commode, & plus salubre,

ESCRITE PREMIEREMENT EN ALLEMAND, POUR le bien & profit public de l'Allemagne, & declaré par Figures representantes les dits fourneaux,

Par François Keslar, Peintre & habitant á Francfort sur le Mein.

Maintenant publiee en François pour le bien & profit public de la France, & de tous ceux qui usent de ceste langue.

PAR IEAN THEODORE de BRY MARCHANT Libraire & Bourgeois d'Oppenheim qui est sur le Rhin.

M. DC. XIX.

PREFACE DE L' AVTHEVR AV LECTEVR FAVORABLE.

DAutant que jusques à present, il ne s' est trouvé personne, que je sache, qui aye escrit ou publié quelque enseignement, touchant les matieres, ou instrumens, par le moyen desquels, on puisse, tant seulement en vn lieu, ou bien en vne ville, sans retrancher á la nature ce qui lui est necessaire, voire auec beaucoup plus grand contentement, qu' on n' a eu jusques a ceste heure, espargner une tresgrande, voire, en consideration des lieux, villes ou païs, une incroyable somme d' argent, avec peu de chose, par un advantage bien pourpensé, ou pour le bien nommer, par une bonne & necessaire science d' espargner le bois: C' est ce qui m' a esmeu a escrire ce petit Traicté, pour le profit du public, aussi bien qu' il a esté possible a moy, comme a un homme indocte, conjoinct avec Figures monstrantes le tout a l' œil, a tous ceux qui aiment Dieu, & cõtemplent ses œures diuines, entre lesquelles, a la verité, le feu, ou le bois, ne sont pas les moindres ni moins necessaires; mais plustost, doivent estre mises au rang des plus nobles & plus necessaires, puis que par le moyen d'icelles, pour le dire en brief, non seulement les demeurances des hommes sur la terre, mais aussi les navires sur la mer, (qui sont pour la conseruation & entretenement de l'homme en infinitè de sortes) sont basties & artificielement accommodees. Or dautant qu'a cause du grand & ancien vsage d'vne si louable creature de Dieu, (faute de vrays & bien pourpensés moyens, particulierement en nostre patrie) il n'a esté possible d'espargner davantage qu'on n'a faict jusques à present: il est arrive, que les bois, à cause de la cherté d'icelui en divers endroits, a souvent esté plus difficile & mal aisé à recouvrer au commun populaire, que non pas le pain mesme.

Soit notoire, qu'à la parfin, en ces derniers temps de nostre vie, nous sommes obligés pour l'amour de Dieu & de la droicture, de remedier de bon heure a ce mal. Dont il a falu, (sans doute par te par la prouidence diuine) que je fusse un instrument, pour m' employer à excogiter & mettre en lumiere les moyens par lesquels (singulierement en nostre patrie, où à peu pres par tout, en temps du froid hiver, il a falu jusques à present, avec grands frais, chauffer les poiles ou estuves) on pourra desormais, non seulement avec beaucoup moins de despens, mais aussi avec plus grand espargne de bois & charbons, faire & entretenir iceur poiles chauds; comme aussi un commun & utile fourneau à cuisiner, & autres telles choses: á une singuliere louange & gloire de l' incomprehensible bonté & amour de celui qui a creé toutes choses.

Le Lecteur aïmant Dieu, recognoissant & favorable, sera prié de moy en toute humilité, de ne prendre ce mien petit Traicté & de peu de prix, en sorte comme sie je l' avoye composé par quelque affection d' orgueil, ou de vaine gloire: car je prends le Dieu Tout-puissant en tesmoing, comme aussi le ciel & la terre & tous ceux qui me cognoissent bien, qu' en ceci & en toute autre chose, j' ay ordonné mon pelerinage beaucoup plus à l' advancement de l' honneur & louange de Dieu le Tout-puissant, comme aussi de l'utilité & prosperité de mon prochain, que non pas à mon propre profit & gloire. Car à la verité, je n'ay publie ceste Invention à aucun autre but principalement, que pour l'amour du pauvre & cõmun populaire, lequel (pour en parler comme il appartient) en usant convenablement de ce fourneau artificiel, s'en trouvera manifestement bien soulagé.

CHA-

CHAPITRE I.

De l' origine du fourneau artificiel nouvellement inventé.

ON pourroit bien dresser tels fourneaux en plusieurs sortes : mais j' en descriray auec peu de paroles seulement quelques especes en simplicité : & quant & quant representeray la forme d' un chascun d' iceux, non seulement en figures accomplies & dressees, mais aussi, afin q' on le puisse mieux entendre, une chascune piece ou estage de ces nouueaux fourneaux à part, comment icelles peuvent estre jointes & dressees premierement, une chascune de ses parties en particulier, & puis l' une apres l' autre, les unes sur les autres depuis le fond jusques au comble d' iceux, afin qu' on puisse aucunement contempler & recognoistre le tout. Prenés donc entre autres *la Figure marquee du nombre 12.* Regardés aussi entre autres *la Figure* A. Laquelle, jaçoit qu' elle contienne en soy le vray fondement du fourneau artificiel; toutesfois ne doit, voire en aucune maniere que ce soit, estre mise en usage. Mais est principalement mise deuant les yeux, afin que par icelle, selon qu' il sera declaré ci-apres au treisieme Chapitre, on puisse appercevoir & vrayement descouvrir la longueur du cours de la chaleur, & comment elle est retenue. Or par la *Figure 12.* est representé le grand fourneau tout entier, en sa forme, quād il est du tout accompli & parachevé. Mais quant est d' une chascune piece en particulier, lesquelles ayans premierement esté dressees à part, puis estans mises l' une sur l' autre, vous les recognoistrés aux *Nombres* 1. 2. 3. 4. & suivants.

Figure de l' origine du fourneau artificiel.

Representation du fourneau tout parfait.

Puis aussi que comme en toutes choses, ainsi en cest affaire, vne certaine & bien ordonnee mesure est requise, vous

trouverés

Grand baston à mesurer.

trouverés donc la *Figure* du grand baston à mesurer au long de la *Figure* 12. lequel est long d' vn grand demi pied de mesure, comme il est en vsage en ceste ville de Francfort, & diuise en six parts ou poulces, pour s' en pouvoir seruir. Pareillement puis que nous voulons representer le fondement & figure de toute ceste œuvre en vne certaine & rappetissee mesure : vous pourrés donc contempler le petit baston de mesuse choisi & rappetisé pour l' usage de nostre œuvre entreprinse, auprés du grand baston de mesure.

Baston à mesurer rappetisé.

CHAP. II.

De la vertu & efficace du fourneau artificiel.

Avantage du fourneau artificiel.

LA vraye, naturelle & fondamentale cause pour laquelle ce fourneau artificiel est à preferer à tous autres fourneaux communs, se peut aisement veoir, par la figure d' un fourneau commun, conferee avec celle de cestui-ci, voyés la Figure B. Dautant qu' il faut cõsiderer qu' entr' autres choses, il n' y a element qui soit plus subtil, plus viste, & qui s' esvanouisse, plus tost, que le feu ; dont necessairement s' ensuit, que, jagoit qu' en un fourneau commun, & de la sorte qu' on s' est dés long temps servi par ci-devant, on mette fort grande quantité de bois ; neant moins, à cause de l' air libre & ouvert qui y entre, puis aussi de l' ouverture large du trou d' enhaut par ou sort la fumee, la chaleur, qui s' en fuit vistement, n' estant captivee ou retenuë, à grand peine peut on souventes fois eschaufer le fourneau, afin que je ne die rien d' une chambre qui est fort grande & large.

Manque des fourneaux communs.

Partant j' ay consideré que ceste chaleur, qui s' esvanouist & s' en fuit si à coup, peut estre en sorte conduite & artificiellement gouverne & captivee, qu' en fin devant qu' elle sorte, encore qu' on tiendroit la main au devant, si ne pourra on

sentir

sentir presqu' autre chose, sinon une grosse, tiede & humide fumee: Et au contraire toute la subtile chaleur, qui est enfermee, ne peut parvenir au trou, par ou sort la fumee, sinon qu' au preallable elle ait passé à souhait á travers de tous les conduits qui sont enfermés. Dont une chambre encor que bien grande, moyennant ceste longue prison, & cours enfermé, peut estre aisément eschaufee avec petite quantité de bois, là où au contraire sans cela, elle ne le pourroit, encor qu' on y employeroit grand nombre de bois.

Vertu du fourneau artificiel.

Mais il ne faut pas que je me taise ici de ce, que si on se veut servir de ce fourneau comme il appartient & par ordre, alors il vaudra mieux prendre des charbons, desquels les mareschaux usent, que non pas du bois seulement, car ils sont beaucoup plus commodes. Outre cela on se peut servir, selon que la commodité se presente, de bois, charbons, houille, & quoy que ce soit, c' est tout un, moyennant ceste cōdition, qu' il faut sçavoir, qu' en l' usage de ce fourneau artificiel, si on veut brusler du bois tant seulement, sans y mesler aucuns charbons, à cause que les tuyaux par ou passe la fumee, sont fort estroits, se peuvent aisement estouper de suye, ce qui adviendra du tout rarement, si on brusle des charbons seulement. Ie monstreray par apres comment il faudra faire, tant en l' un qu' en l' autre, asçavoir quand on voudra brusler du bois (qui toutesfois doit estre bien sec) ou des charbons seulement. Que si on ne veut faire le feu qu' avec du bois tant seulement, il faudra ensuivre l' enseignement descrit au chapitre seixieme.

Charbons de mareschaux meilleurs que le bois.

Touchant le bruslement du bois.

CHAP. III.

Du premier fondement du fourneau artificiel.

I' ay à la verité un peu amplement descrit & representé, comment, quand on aura deliberé de dresser le fourneau artificiel susmentionné, il se faudra conduire pour, tant en l'un qu'en l'autre, y parvenir le plus commodément: Or puis que je me suis oblige de n'escrire à la maniere des gens doctes, mais simplement & rustiquement, je m'en acquiteray autant que faire se pourra.

Ie pose donc le cas, non toutes fois pour y estre tenu; car en cest endroit nous n'avons pas proposé de traicter par obligation, mais seulement de la proportion, ou bien de la forme ou figure plus commode, assavoir selon la nature & proprieté de la grandeur ou petitesse des chambres.

Mesure observee en ce Traicté.

Toutes fois pour le bon ordre & pleine intelligence, nous commencerons à traicter par une certaine mesure, comme si nous y estions attachés, laquelle nous avons choisie, & nous efforcerons de continuer ce Traicté jusques à la fin selon icelle. I'ay entreprins de bastir un fourneau artificiel, de la longueur de trois pieds, & puis de la largeur de deux pieds. Pour ceste fin je prens pour le sol d'un tel fourneau premierement certaines briques de pierre, ou bien d'argille cuite, lesquelles estant posees, comprendront la largeur & lõgueur desiree & un peu davantage, ce que pourront faire les briques larges de 6. poulces bonne mesure, & longues d'un pied d'mesure & plus: s'ensuivra donc qu'ayant douze telles briques, doublees & posees sur un fond l'une aupres de l'autre, necessairement elles rempliront l'espace susmentionné. Toutes fois il faut sçavoir, que d'abondant & pour plus certaine fermeté du fourneau, il faudra mettre à l'entour des douze briques un bon larmier ou ferme couronne, afin que la pesanteur du fardeau qui s'en ensuivra, ne surmonte, ou emporte de son poids le fondement si estroit.

Fondement ou base, figure ou estage premier.

Vous trouverés la platte forme d'un tel fondement, selon la mesure de nostre baston rappetisé, en la Figure marquee du Nombre I.

CHAP.

CHAP. IV.

De la seconde figure ou estage du grand fourneau artificiel.

APRES qu' on aura posé ainsi le fondement, soit à volonté ou bien selon que la necessité de la grandeur ou petitesse de la chambre le requerra; Il faudra noter en outre, que le sol peut, ou doit estre mis, ou choisi, non seulement selon la proportion commencee du fondement posé, mais beaucoup plus, selon que les pieces, ou pots de terre à ce servants le pourront porter. Quoy qu' il en soit, si tiendrons nous un ordre certain par tout, pour en avoir plus parfaicte intelligence, & ainsi passerons outre, afin de dresser le deuxieme estage.

Pour l' eslevation, ou assiette du second estage, il n' est requis autre chose sinon, une rengee de briques, de la sorte, que le fondement susdit a esté posé : assavoir, devant que passer plus avant, qu' il se faut bien representer, que puis que le fondement entrepris a quatre costés, lequel de ces quatre nous voudrons avoir devant, derriere, ou à costé. Nous tiendrons donc cest ordre (afin que le tout s' ensuive sans confusion) en l' exemple que nous avons à la main. Vous voyés en haut la FIGVRE I. qui est le fond ou le sol, duquel les quatre coings sont marqués de petites lettres a, b, c, & d, desquels quatre costés, celui qui est large, marqué de c, d, sera appelé, le costé large de devant : mais le costé estroit marqué de d, b, le costé estroit de derriere. Et partant il faut le plus commodément qu' on pourra, lors qu' on mettra ceste dite rengee de briques, c' est à dire, en faisant le second estage, faire au large costé de devant, asçavoir au milieu d' icelui, un peu vers la main gauche, comme il sera monstre

Second estage.

Le costé c, d.

Le costé d, b.

ci-apres au cinquieme chapitre sur le quel doit estre posé le principal gril, un trou quarré, ou bien un petit huis à cendres, aussi grand, qu' en fin selon que la cōmodité le requerra, on puisse tirer hors avec une palette les cendres, qui seront tombees á travers du gril, & quant & quant ayant un huis de fer ou de terre cuite, à chasques fois reserrer bien fort le trou. Vous voyés aupres de la figure de cest estage N° 2. une petite figure de cest huis de fer marquee C, monstrant comment il le faut faire.

Petit huis pour tirer hors les cendres.

Puis, il faut pareillement faire en ce second estage, vers la main gauche du costé estroit marqué a, c, à peu pres au milieu d' icelui costé, encore un tel trou largé de quatre pouces, qui sera pour donner air, pour la fin, qui sera veuë ci-apres au chapitre quinzieme, asçavoir qu' on icelui on puisse mettre un huis quarré ou rond, soit de bois, de fer, ou de terre, selon que le tout se peut veoir en la *Figure* du second estage marquee 2.

Trou pour bailler air.

CHAP. V.

Du troisieme estage, asçavoir du Gril & tuyau pour conduire l' air au fourneau artificiel.

Troisieme estage.

QVant au reste, apres qu' on aura parachevé le secōd estage, s' ensuit la troisieme besoigne ou estage du fourneau entreprins: Notez donc que puis que tout le sol a trois pieds de long, qu' il faudra que depuis a jusques à b, & depuis c, jusques à d, se trouve la moitié du fond, asçavoir pied & demi. ainsi vous aures une piece à quatre coings large de pied & demi, & longue de deux pieds: faites faire à l' advenāt un gril de barres de fer, en sorte que toutes les barres d' icelui ayent une chascune, le coste d' enhaut, & d' embas trenchant, afin que les cendres, qui s' assemblerōt dessus, puissent aisément tomber

Division du sol.

Gril de fer.

ber d'elles mesmes entre icelles barres. aussi icelles barres du gril doivent estre posees en sorte, q' elles soyent l'une un peu plus arriere de l' autre, que la grosseur d' un festu d' estrain.

Que si on ne veut point droictement y mettre un gril à quatre coings, comē dit est, on pourra bien faire duire quelques barres quarrees de fer, & en applatir les bouts, qui entreront entre les briques, & y seront serrés & faudra disposer icelles barres en ordre convenable par dessus le trou aux cendres susmentionné, tant que le dessus soit couvert pied & demi de large selon qu' il plaira le mieux : toutes fois d' abondant, il ne faut celer, que le reste de la place vers la main gauche, qui est demeuré descouvert, doit estre tout aussi bien fourni & couvert d' autres barres de fer, que la premiere place ou deuoit estre le gril; toutes fois si on ne veut point du tout poser les barres si pres l' une de l' autre, comme on a fait les barres ordinaires tenātes la place du gril, on en pourra mettre une partie des restantes à un poulce pres l' une de l' autre. Ce qu' il faut ici bien noter, & aussi retenir en la memoire, qu' entre ces dernieres barres, qui sont ainsi posees l' une arriere de l' autre, par dessus le tuyau à l' air, il faut laisser une espace vuide, afin que par icelle place libre le tuyau à l' air mis de dans le trou, puisse mieux estre enduit & couvert.

Vous pourrés, pour meilleure intelligence de ce qui a esté dit touchant le gril, veoir *la Figure marquee du Nombre 5.*

Faut aussi ici d' abondant prendre garde, que tousjours un pertuis quarré de la grandeur d' un poulce plus ou moins doit estre au milieu du gril, afin que, comme on verra ci apres au chapitre seixieme, touchant l' usage du fourneau artificiel, on puisse par icelui pertuis du gril mettre une chandelle bruslante pour allumer vistement les buchettes ou autres menus bois qu' on met pour faire brusler le gros.

CHAP. VI.

Du quadrieme estage.

LE quatrieme estage du fourneau artificiel, auquel à la verité gist non pas le moindre, mais bien le principal de l'œuvre, se pourroit bien faire d'un fer plat (si on le peut avoir) battu ou fondu.

Mais si on est en lieu ou pais, où on ne puisse pour la longueur du chemin, recouvrer du fer ainsi battu ou fondu, ou bien qu'il seroit trop cher pour les cõmunes gens, on pourra faire cest estage aussi bien que les autres, de poterie, ou de terre cuitte: par ce que quasi par tout on la peut avoir & est en usage, à raison de quoy nous avons dresé tout ce Traicté, simplement pour les lieux ou la poterie est en usage. Passerons donc à l'ouvrage qui reste.

Quatrieme estage. Puis que nous avons representé le troisieme estage sans faute, il reste donc que nous monstrions, comment on pourra aussi dresser le quatrieme de pure poterie. Premierement faut sçavoir, que devant toutes choses, on doibt mettre une rangee de pots tout à l'entour par dessus le troisieme estage, les joindre & bien serrer par le moyen d'une bonne argille bien besoignee & meslee avec du poil, ce que tous les potiers sçavent bien faire. Et jaçoit qu'en cest endroit il n'y aye point d' mesure ꝑscripte d' la hauteur, ou lõgeur ou largeur des pots sus dits, & ne soit besoing de s'y astreindre; toutes fois pour meilleure intelligence, je leur approprieray une vraye mesure, & poseray que, selon qu'il sera dit en ce chapitre, & au huictieme, un chascun pot qui sera posé en dehors au large costé c, d, comme au costé opposé a, b, aye la largeur de neuf poulces juste, & la hauteur d'un pied, mais les autres pots aux deux costés estroits, comme au costé a, c, & à son costé opposé b, d, & comme il suivra qu'il en faudra mettre entre deux,

Grandeur des pots de terre.

Premiere rangee des pots de terre.

deux, un chascun aura la largeur de huict poulces & nõ plus, cõme aussi la mesme hauteur des autres, asçavoir d' un pied: Et faut en outre sur tout bien considerer, que puis qu' il faudra que ces pots, qui seront arrengés par dessus le gril tout à l' entour, portent la plus grande chaleur, il sera bien raison qu' on les face non seulement plus gros & plus forts que les autres quand à leur forme, mais aussi, s' il y a moyen, qu' on prenne de la terre pour les faire, qui soit plus ferme, que pour ceux qui seront par dessus. Pareillement, jaçoit que ces premiers pots soyent aussi forts que possible, si sera il en outre fort necessaire, de les enduire par tout encore apres qu' ils aurōt esté arrengés, avec de l' argille particulierement à ce preparee.

Difference des pots de terre.

Enduite des pots de terre.

De laquelle singuliere argille il sera parlé ci-apres.

En second lieu, apres qu' on aura ainsi posé la premiere rangee des pots comme il appartient, il faudra en outre mettre par dessus le milieu de ceste rengee depuis l' un des costés larges jusques à l' autre une barre de fer faicte tout expres pour cela, longue de deux pieds; & dautant qu' il faudra qu' elle soustienne un asés pesant fardeau, il faudra donc aussi la faire asés forte. I' estime qu' estant large d' vn poulce & demi, & espesse d' un pousse, elle sera asés forte; il la faut aussi un peu recourber aux deux bouts*, afin qu' elle puisse un peu apprehender les pots de tous les deux costés: Et puis on posera derechef une rengee de pots sur la moitié de la premiere rangee, en sorte, que ces deuxiemes pots seront arrengés par dessus le bout du principal gril, & asçavoir reposans sur la susdite barre de fer qui passe par dessus le milieu de la premiere rengee. Ceste seconde rengee de pots, combien qu' elle ne souffre point une du tout si grande chaleur, que la premiere, toutes fois pource que la chaleur n' est guere moindre, il sera de besoing qu' elle soit aussi bien enduite & garnie d' argille, comme la premiere.

Barre de fer.

Seconde rengee de pots de terre.

TOVCHANT

Touchant un certain creux quarré que nous appelerons le coffre a sablon, & de son couvercle.

FInalement, pour achever ce quatrieme estage sans ennuy, il nous faut aussi avoir une caisse quarree & profonde, ou bien, pour la nommer plus proprement, un coffre qui soit ainsi quarré & profond, de la largeur du trou qui est demeuré ouvert sus la premiere rengee des pots de terre.

Coffre à sablon. Ce Coffre à la verité, (si on le pouvoit avoir de fer batu, je ne puis taire, qu'il seroit bien meilleur) doit estre large au fond de deux poulces, & avoir autant de profondeur, tout à l'entour; car au reste, il doit estre au milieu entre icelle largeur tout ouvert & percé tout outre, s'ensuivra donc que ce coffre à sablon, selon sa mesure entreprise, en son tour exterieur, auroit deux pieds de longueur, & pied & demi de largeur, dont une fort grande place demeureroit ouverte pour le trou auquel il seroit mis: mais puis qu'il n'est pas necessaire, d'avoir tousjours un si grand coffre, il faudroit donc choisir une certaine grandeur, en laquelle on voudroit comprendre le coffre à sablon, & pour cest effect, selon icelle grandeur, il faudroit puis apres joindre quatre petites barres de fer l'une sur l'autre en quarrure, & puis poser icelles sur le trou qui est demeuré ouvert sur la premiere rangee des pots vers la main droicte, selon que le monstre la figure du quatrieme estage, aupres de laquelle vous trouverés aussi un petit coffre ou layette, à part despeinte, qui, selon nostre baston à mesurer raccoursi, en sa largeur interne, comme plus que suffisante pour la necessité, a quatorze poulces en longueur, & douze poulces en largeur, & toutes fois retient sa hauteur & profondeur susmentionnee.

Que si vous avés bien entendu le tout, il reste finalement, que le dit coffre à sablon accommodé de la sorte, soit non seulement

lement posé dedans ces quatre petites barres de fer susescrites, afin qu' il y demeure ferme comme il appartient, mais il faut aussi pareillement, que les trous qui sont demeurés ouverts tout à l' entour du coffre, soyent bien couverts avec des petites lames de fer qui seront faites tout expres pour cest effect, & encore les faut il bien enduire de l' argille susdite preparee avec du poil, afin que la fumiere ne puisse passer tant soit peu.

Apres que tout aura ainsi esté fait, il est encore necessaire que ledit coffre à sablon aye un couvercle, de telle grandeur que de tous costés il attouche le coffre à sablon, & faut aussi que ledit couvercle soit recourbé & appro fondi aux quatre costés, en sorte que, quand on l' aura mis dessus ou dedans le coffre, on l' en puisse aisément retirer ou leuer. Vous avez la figure d' un tel couvercle muni de son manche, aupres du quatrieme estage. *Couvercle du coffre à sablon.*

Touchant une ferme argille, & comment on se pourra servir d' icelle, particulierement en ce quatrieme estage.

QVand vous aurés une Argille bien preparee avec du poil, selon la maniere qu' observent presque tous les potiers ou faiseurs de fourneaux, qui soit bien glueuse, vous en prendrés une partie, & y adjousterés encor ceci, afin que finalement elle soit propré pour enduire tous les pots de terre par dedans; asçavoir qu' elle soit besoignee non seulement avec du poil, mais aussi avec de la paille qui tombe du lin quand on le bat, vous y mettres en fin de la paille de fer, qui tombe és forges du fer bruslant quand il est battu sur l' enclume come aussi du verre pilé, ou bien mesme de l' escume, que les mareschaux tirent hors du fer, bien pulverisee, puis prendrés une fourche ou bien quelque autre baston ferré à ce propre, & *Singuliere argille.*

battrés ainsi l'argille, & la besoignerés tant; qu'il vous semblera qu'elle le sera asés: car en ceci on ne peut point mettre de mesure, mais faut prendre garde à ce que l'argille peut porter.

Toutesfois faut noter, que, depeur que par le verre pilé, celui qui besoigne ne reçoive quelque inconvenient en ses mains, il gouvernera & enduira ceste argille forte avec une truelle de masson.

Et afin aussi, qu'à cause d'une trop forte chaleur, ceste argille enduite par dedans les pots, ne vienne, par le long usage du fourneau, à aisément se peler & descheoir; on debvroit bien prevenir ce mal du commencement, quand on fait les pots, iceux estans encore mols & non cuits, on les peut munir de rayes qu'on fera au long d'iceux de travers par dedans, ou bien on y picquera beaucoup de petites fossettes. Car puis apres, comme il est bien à penser, quand l'argille se met & serre dedans ces rayes & fossettes, il est quasi impossible, que sans grande force, seulement par l'usage naturel du feu, elle se pele & tombe.

Comment il faut faire les pots de la premiere & seconde rangee.

CHAP. VII.

Du cinquieme estage du fourneau artificiel.

APRES qu'on aura posé le coffre à sablon, comme aussi dresśé les pots bien enduits du quatrieme estage, ainsi comme il a esté monstré, il faudra en outre considerer la proportion & hauteur de la chambre, sçavoir si d'avanture il est de besoing de hausser icelui quatrieme estage encore d'une rengee de pots, ce qui se peut bien faire simplement, soit que la necessité le requiere, ou bien que pour plaisir on le vacille ainsi.

Soit donc que la hauteur soit d'un, de deux ou de trois pots,

pots, si faut il prendre garde, tant en l' un qu' en l' autre, à l' instruction suivante.

Ie pose le cas, que j' ay la hauteur desiree du quatrieme estage, si me faut il encore outre cela penser, si je veux faire passer aussi les estages suivans vers la paroy par dessus la mesure de trois pieds que j' ay prise du sol, ou point; car l' un se peut faire aussi bien que l' autre: Il faut donc sçavoir, que tant plus que ces estages suivans se tirent au long, tant plus grande efficace aura la chaleur qui sera ainsi conduite au long.

Par tant on peut tousjours (toutes fois selon que la commodité & grandeur de la place le peut souffrir) faire passer les estages suivans, au tant qu' on en veut, ou bien, qu' on en peut avoir, (pour la cause susdite) par dessus celle mesure, selon que la chose se pourra accommoder. Ie feray, pour cest exemple, que le premier cours suivant passera d' un pied & demi juste. Ainsi s' ensuivra necessairement, que toute la longueur du premier cours sera justement de quatre pieds & demi. Or afin qu' un tel cours, qui passe par dessus le coffre à sablon & encore plus outre, puisse estre assis & reposer sur un certain fondement, il faudra avoir toutes prestes des barres de fer, qui seront du tout aussi longues & aussi puissantes, qu' icelui cours, & les autres suivans puissent, sans aucun danger, reposer fermement sur icelles, selon la forme & maniere, que voyés en la Figure marquee du Nombre 5. Vous voyés là comment il faut que la premiere barre de fer, suivant les lettres e, f, g, h, soit ployee & courbee pour faire les deux coings f, & g, & toute ceste barre s' estend avec sa courbeure à huict pieds & huict poulces.

Premier Cours.

En outre & pour la fin vous voyés deux lignes picquotees qui passent par le milieu, marquees des lettres i, & k. Il nous faut donc selon nostre exemple, avoir encore une barre de fer, qui passera tout outre, & s' estendra de sa longueur à quatre pieds & demi, selon nostre mesure, sur laquelle, comme on l'entendra tantost, la rengee du milieu sera dressee. Finalement, afin que le tout soit trouvé pouvoir subsister en asseurance, on aura encore deux colomnes, soit de fer, ou de pierre, ou bien mesme aussi de bois, sans aucun danger, pour les dresser dessous les coings ou courbeures des barres susdites, pour les soustenir, & icelles colomnes moyennant qu' elles soyent bien dressees & asseurees, pourront estre de la forme tout ainsi qu' elle est representee en la Figure marquee du Nombre 5. Ou bien on les pourra former en une autre maniere, comme on voudra. En fin mettres un fond sur tout l' espace e, f, g, h, de briques bien jointes ensemble, comme il est monstré par ces lignes picotees traversantes en largeur ledit espace, ce qui sera un peu plus amplement declaré au chapitre suivant.

Deux grosses colomnes.

CHAP. VIII.

Du sixieme Estage.

IVsques à present nous avons traicté de la partie d' embas du fourneau artificiel, asçavoir des cinq premiers estages, & en peu de paroles declaré autant qu' il estoit necessaire pour un commencement. Item representé le tout, par figures monstrantes à l' œil une chascune piece apres l' autre, & ensuite bien ordonnee, comment l' une doit estre posee sur l' autre, en somme comment le tout doibt estre convenablement conjoinct ensemble. Desormais donc nous commencerons à monstrer aussi celles qui restent.

Soit donc notoire en premier lieu, qu' en tous les estages d' enhaut du fourneau artificiel, en quelque grandeur qu' on le voudra faire, il faut prendre & retenir une certaine mesure, bien qu' on la puisse choisir aussi grande, ou aussi petite, qu' on voudra. Partant j' en feray ici tout le mesme, & retiendray la gran-

grandeur, hauteur & largeur des pots, qui seront posés tant au large costé qu' en l' estroit des estages suivans, comme je l' ay descrite ci-devant au chapitre sixieme.

Puis apres il faut sçavoir, qu' on peut bien quelques fois, selon la commodité & vertu de la terre, faire des pots bien plus grands ou plus larges, que je ne le fay en cest exemple.

Mais notés, que jaçoit que je me soye proposé de retenir la longueur & largeur des pots descrite au sixieme chapitre, toutes fois ceux-ci qui viennent en la partie d' enhaut, à cause des bordures, qui sont tout á l' entour, il les faudra faire & munir d' une autre sorte que les precedents.

Figure des pots des estages de enhaut.

Quant est des bordures aux costes des pots, elles ne sont en rien differentes des precedents; mais celles d' embas & d' enhaut, le Maistre Potier bien entendu en son art, les ordonnera en sorte, qu' on puisse mettre un fond sous les pots qui seront dresés, & par dessus, des briques pour les couvrir, le tout bien joignant & droictement. Posés donc tout premierement les trois costés, selon qu' ils sont marqués sur le sol, a b, b d, d c. Pareillement faites, sur la barre de fer qui est au milieu longue de quatre pieds & demi, une rengee tout du long, de pots à ce expressement formés (desquels il en faut avoir de tout faits en la mesme maniere, autant qu' il en sera de besoing pour toute l' œuvre) selon qu' en pouvés recueillir la maniere de la Figure marquee du Nombre 6.

CHAP. IX.

Du septieme Estage.

QVANT au septieme estage, combien qu' il ne soit fort ample, si seroit il bien necessaire (s' il estoit possible) de cognoistre comment il doit estre fait & figuré: mais d' autant qu' il n' est bonnement possible que le dedans soit representé aux yeux; partant tout bon Maistre ouvrier & bien entendu en la poterie, le sçaura bien comprendre & accomplir comme il appartient selon la necessité, par le moyen de ceste declaration.

Vous avés bien entendu par le chapitre precedent, au regard du sixieme estage, comment les pots, qui doivent estre dresés pour faire le premier cours ou conduit, doivent estre munits de bordures tant en bas qu'enhaut: Partant ici faudra avoir toutes prestes plusieurs & diverses briques de juste grãdeur, & qui justement s'accommoderont pour estre mises au fondement des dits pots dresés tant tout autour, qu'à la rangee du milieu, afin que commodement vous les puissiés couvrir & enduire d'argille. Et puis qu'icelles briques estans de la mesme longueur & largeur que les pots du costé de devant, asçavoir, à peu pres de la longueur d'un pied, toutesfois non entier (à cause des pots qui sont au milieu en dedans) & de la largeur de neuf poulces, s'accommoderont fort bien à nostre exemple, vous en verrés la forme de deux (toutesfois renversees) selon qu'elles me semblent estre plus cõmodes, avec leurs bordures ou soustenemens, sous *la Figure marquee du Nombre* 11. Or il demeurera en la liberté du bon Maistre ouvrier de joindre & accrocher icelles briques tant pour le fond, que pour le couvercle des pots, & de les enduire selon qu'il lui semblera qu'elles s'accõmoderont le mieux, cõme aussi de les faire meilleures s'il lui plaist: mais il faut qu'il prenne garde, que quand icelles briques, qui sont pour le fond, auront esté une fois posees & enduites, que tousjours en tous les mesmes costés, nulle ne doit estre tournee contre terre, mais contre-mont.

Briques pour mettre sous les pots au long du cõduit.

Autant soit dit touchant icelles briques en elles mesmes, combien il en faut & comment, selon nostre exemple, elle doivent estre posees & enduites en ce septieme estage: s'ensuit, que premierement quant aux briques pour le fond, vous en meten mettiés en ce premier conduit, commençant de la main droicte, tirant vers la gauche, mais non plus loing que le conduit n' est pris, quatre en advançant, & quatre en reculant, aux deux larges costés des pots qui sont dresés, pour le fond, le tout le plus soigneusement que vous sera possible.

Premier pertuis pour le conduit.

Ainsi il vous demeurera necessairement une espace toute descouverte entre la largeur de deux pots, laquelle droicte-ment tombera sur le gril, selon que le pouvés contempler au cinquieme estage aupres du Nombre 5. comme aussi est à re-cognoistre aupres des lignes picquotees qui sont sur la figure.

Couverture du premier conduit.

En second lieu, pour couvrir aussi la partie d'enhaut, vous pourrés derechef comprendre par *la Figure marquee du Nombre 7.* que la il faut comencer envers la main droicte, & ainsi continuer de couvrir, jusques à tant qu' on aye posé dix bricques toutes entieres; Et dautant que non seulement en cest endroit il en faudra faire ainsi, mais aussi continuer à l' advenir en la mesme maniere presque pour la couverture de tous les autres conduits qui seront posés dessus cestuici; il faudra noter en outre, qu' en cest endroit vers la main gauche on laissera un trou tout ouvert, lequel demeurant, comme il a esté ici laisé, sans doute tomberoit trop grand selon nostre exemple, Et j' estime qu' un tel trou, estant large de quatre ou cinq poulces, suffira, pour autant que ce qu' il semble estre trop estroit, est abondamment recompensé par la longueur.

Second pertuis pour le conduit, avec son coffre.

Partant il faudra ici avoir un tel coffre de terre cuitte tout prest, lequel sera bien posé selon la façon d' un bon Maistre autour de ce second pertuis qui est demeuré ouvert, en sorte qu' il ne prene rien du tout audit pertuis de sa largeur de cinq poulces. Que si on ne peut avoir ledit coffre (comme sans doute on ne pourra) en la grandeur susmentionnee, asçavoir qui soit long de deux pieds, qu' on le prenne comme on voudra, ou selon qu' il sera commode; Ainsi comme de tout cela (comme aussi ce qui touche au dit coffre) vous en avés la represenpresentation en *la Figure du septieme estage, marquee du Nombre 7.* Et dautant qu' aupres de ce coffre ainsi dresśé, il demeurera tousjours necessairement encore une place ouverte environ de trois poulces, ou trois & demi; il vous souviendra de la couvrir pareillement de briques estroites faites tout expres pour cest effect, desquelles regarderés d' avoir toutes prestes autant que besoing en sera.

CHAP. X.

De huictieme Estage.

ENCORE que le contenu du dixieme Chapitre, comme pareillement la figure qui s' y rapporte, eust aisément peu estre incorporé au chapitre precedent, comme aussi au septieme estage susmentionné, autant que ceste figure le requiert: Toutesfois pour plus ample esclaircissement, j' ay estimé estre meilleur de representer aux yeux deux diverses figures: Dautant que comme ici, ainsi aussi en tout ce qui s' ensuivra, on se pourra conduire & pourveoir de mesme en l' un & en l' autre. Aussi sçaura entre autres choses, le Lecteur favorable, que ce que jusq' à present, je n' ay tenu aucun methode, comme ont accoustumé de faire les gens doctes, ains que je n' ay descrit aucune piece de tout cest ouvrage, sinon quand on s' en est deu servir; je l' ay fait dautant qu'il faut avoir leu ce Traicté, & en partie l' entendre, devant qu' on vienne à dresser l' une ou l' autre partie de cest ouvrage. Pour donc continuer selon la mesme raison, vous sçaurés que selon la hauteur du coffre pour le pertuis du conduit susdit (laquelle hauteur nous retiendrons en nostre exemple de trois poulces) il se faudra pourveoir en outre de tant de petits piliers, qu' on en aura besoing, un chascun desquels sera de hauteur egale audit coffre.

Petits piliers.

Et faut

Et faut tout premierement qu' en cest estage (come aussi en tous les autres suivants, & à un chascun en particulier, selon qu' on le peut veoir en la figure du fourneau tout entier) nous ayons dixhuict de ces petits piliers tous apprestés, tous lesquels doivent estre asseurés avec de l' argille & affermis sous tous les coings des briques d' enhaut, selon que la piece marquee *du Nombre* 8. le monstre.

CHAP. XI.

Du neufvieme Estage.

NOVS avons jusques à present representé huict diverses pieces du fourneau artificiel, & les avons maintenant comprises toutes ensemble, comme en un seul corps en la huictieme susdite figure. Reste donc que non moins nous disions, comment il faudra faire en outre, pour bien poser les briques de ce fondement : ce qui certes sera du tout aisé, & sans ample declaration facile à apprendre de la neufvieme piece ou figure, là voyés vous clairement, qu' apres que tous ces petits piliers sont couverts tout à plat, vers la main gauche le trou du coffre est demeuré tout descouvert, voyés touchãt cela *la Figure marquee du Nombre* 9.

CHAP. XII.

De la dixieme piece de cest ouvrage.

POVR passer outre à la dixieme figure ou piece, jaçoit qu' à la verité pour la dresser il ne faut presque sçavoir rien du tout, si non ce qui en partie esté declaré ci-devant au chapitre huictieme, en la sixieme piece ou figure, en sorte qu' il ne seroit de besoing d' en parler ici en particulier & amplement; toutesfois afin qu' on puisse cõprendre le tout sans s' abuser, on y tiendra c' est ordre.

On arrangera derechef les trois costés a b, b d, & c d. de pots faicts le mieux & selon la maniere susdeclaree, pareillement aussi on posera le rang du milieu des simples pots traversant la longueur du fourneau, asseurés les, & les enduisés comme dit est, & ainsi ceste piece sera aussi accomplie, ainsi comme le tout se peut veoir en *la Figure susdite marquee du Nombre* 10. & beaucoup mieux entendre que par un long discours; & partant sera bon d'avoir devant les yeux ceste mesme figure.

CHAP. XIII.

De l'onzieme, douzieme, & en somme de toutes les autres pieces suivantes.

SANS m'ennuyer je parachèveray de monstrer aussi encore l'onzieme piece de ce bastiment, afin qu'on puisse veoir comment il faut proceder, comme en la structure de ceste ci, ainsi aussi sans changer rien du tout, és autres suivantes, autant qu'on en pourroit avoir, & la representeray en une figure à part, Faites ainsi, comme par ci-devant vous avés fait en la septieme piece du bastiment, toutesfois que comme en icelle vous avés commence de couvrir vers la main droicte, ainsi au contraire en ceste ci est requis, que commenciés devers la main gauche: Et comme au chapitre susnommé a esté dit, que vers la main gauche il faut laisser descouvert un long trou large de cinq poulces, & sur icelui poser un coffre haut de trois poulces, lequel joigne bien de tous costés: ainsi en faut il faire en cest endroit, ayant laissé ledit trou, poser sur icelui le coffre qui sera ouvert à tous les deux costés, haut de trois poulces, & large de cinq: comme aussi pareillement, poser sur une chascune croix de la plate forme un des susdits petits

petits piliers, l' un apres l' autre, les asseurant & affermissant avec de l'argille. Ainsi vous aurés une telle forme, ou piece d' ouvrage, come entre les autres vous est mise devant les yeux par *l' onzieme Figure.* Ie passeroy bien outre à la description d' une chascune piece de ce fourneau artificiel, tant que je l' eusse amene à la fin : mais dautant qu' à l' advenir, encor qu' on voudroit faire le fourneau plus de vingt pieds de haut, toutesfois il n' y a rien autre chose à faire en aucune piece, sinon tout ainsi qu' il a esté monstré és pieces precedentes ; j' estime du tout chose superflue d' adjouster ici le moindre mot outre ce qui en a esté dit, mais renvoyeray le Maistre ouvrier favorable & industrieux simplement pour en avoir plus grande & du tout accomplie intelligence, à la *douzieme* entiere & parfaite *Figure* de l' exemple de nostre fourneau artificiel : Et en outre passeray à ce qui n' a encore peu estre commodément descrit & declaré.

CHAP. XIV.

Du principal costé estroit de devant du fourneau artificiel.

TOUT ce qui a esté traicté jusques à present (ouvriers favorables & qui aimés les bonnes sciences) touchant ce fourneau artificiel, est en soy asés clair & manifeste ; toutes fois il nous reste encore un, & bien le principal costé du fourneau entrepris, sans l' accomplissement duquel, ledit fourneau ne peut en façon quelconque estre tenu pour un fourneau artificiel, & ne s' en pourroit on servir. Or tout ce qui a esté traicté & escrit jusqu' à present du fourneau artificiel, cōtient & represente seulement le dedans d' icelui fourneau, come aussi les trois costés, sçavoir les deux larges, & l' estroit qui est derriere. Mais quant au costé estroit de devant, afin que non seulement je le descrive pareillement avec toutes ses circonstances, mais que j' en represente aussi la monstre & figure à l' œil, afin que vous puissiés comprendre & entendre le tout, prenés garde à l' instruction suivante.

Ainsi il faut en premier lieu sçavoir, que pour parachever ce quatrieme & dernier costé, il sera requis qu' on aye à la main des pots qui soyent faits d' une autre maniere que les autres ci-devant descrits: Prenés donc pour ce quatrieme costé *la Figure* 12. qui est le fourneau tout accompli, vous y remarquerés bien proprement, qu' en un chascun pot, qui est au milieu du costé, & à chasque fois non seulement en egale hauteur de tous les fonds, mais aussi droit devant uné chascune rangee de pots au dedans du fourneau, y à un pertuis quarré & environ trois poulces de largeur, lesquels pertuis le potier bien entendu coupera ausdits pots, devant que les cuire: on les peut aussi couper en rond si on veut: apres il faudra faire des petites rayes profondes à l' entour d' iceux pertuis, comme aussi en fin, quatre autres petits trous aux quatre costés du grand pertuis, non pas en droicte ligne pour entrer dedans le pot, mais de travers & perçans tout outre le pot, de telle grandeur qu' on y puisse faire entrer des petites broches ou clous de fer: Selon que vous voyés manifestement deux de tels pots sous la Figure dixieme, & l' un d' iceux representé tout à la propre mode qui est ici descrite, asçavoir ayant un grand pertuis ouvert & les autres petits pertuis au costés, & comment à peu pres il doit estre rayé à l' entour du grand pertuis, sa Figure est marquee du Nombre 13.

Or n' est il besoing d' enseignement particulier, comment il faut poser lesdits pots par ordre convenable l' un apres l' autre, seulement noterés pour la conclusion de ce costé, qu' en la mesme maniere il faut avoir autant d' huis ou plattes briques toutes prestes, qu' il y a de pots ayans ces pertuis quarrés de largeur de trois poulces, & ne faut point que ces huis

passent

passent les quatre petits pertuis qui percent les pots de travers, mais en sorte que, quand iceux huis seront mis au devant des grands trous des pots (ce qui se doit faire apres les avoir un peu enduits tout à l'entour d'argille gluante, & meslee avec du poil) on les puisse serrer avec des petites chevilles ou clous qu'on aura la tout prests, en les fichant dans iceux petits pertuis qui perçent le pot de travers aux costés du grand trou. Or vous pouvés veoir, en la *Figure* d'un desdits pots tout serré, marquee du Nombre 14. Comme aussi pour meilleure intelligence, en la Figure entiere de tout le fourneau, comment iceux huis & un chascun à part doit estré serré par le moyen de quatre ou huict clous, ce qui se peut faire selon que la commodité s'en presente.

Despendance notable du Chapitre quatorzieme.

NOus avons traicté au Chapitre precedent, du costé de devant du fourneau, or s'il arrivoit qu'il falust observer cest ordre, quand on voudroit dresser un tel fourneau en quelque chambre qui fusse belle, & qu'on voulust garder nette; cela ameneroit beaucoup d'ordure dedans la champre, à cause qu'il faut souvent nettoyer le fourneau qui autrement viendroit à s'estouper de suye: Partant les Maistres ouvriers auront cest advertissement que la description de ce costé de devant à esté faicte en ceste maniere, plus pour representation de la chose, que pour l'usage d'icelle: Donc vous ordonnerés ce costé du fourneau, à cause de ces trous qui sont faits pour le nettoyer, non point en dedans des chambres, mais (si possible est) qu'iceux trous se viennent rendre en dehors en la cheminee ou en la cuisine, où on a accoustumé de faire les trous pour faire sortir la fumee, ainsi vous en aurés non seulement plus de louange, mais aussi celui qui fait bastir en aura plus de contentement. Mais où il n'y a moyen de ce faire, on se pourra reigler selon ceste prescription,& faire ce costé de devant en dedans la chambre,& s'en servir du mieux qu'on pourra.

CHAP. XV.

Des deux tuyaux ou conduits & de leurs appartenances, l'un est pour faire sortir la fumee hors des fourneau,& l'autre pour lui donner air; Et de l'abus ou incommodité d'autres sortes.

Conduit pour l'air.

CI devant,és chapitres quatrieme & cinquieme, j'ay fait mention du commencement d'un tuyau ou conduit pour bailler air: mais maintenant je monstreray, comment icelui doit estre mené à travers de la paroy, & ainsi amener l'air au fourneau du mieux qu'il est commode. Or il faut noter qu'il ne faut pas faire ce conduit pour attirer l'air de la chambre en laquelle de fourneau est dressé, encore moins l'air qui est hors de la maison: la raison est, que si ce conduit est fait en dedans de la chambre (ce qui se peut tout aussi bien faire, qu'autremẽt) où le fourneau est, en la maniere de ceux qui estoyent encore en usage à Hambourg l'an 1614. On trouvera que tels fourneaux, encor qu'on y mettroit plus de bois, que le bois bruslant, ou le feu qui est dedans le fourneau tirera à soy non seulement l'air naturel & froid qui est dedans la chambre, mais aussi la chaleur mesme qui y sera entree: Comme aussi pareillement, par le moyen d'un tel trou, qui est bien grand dedans le poile, vous attirerés l'air qui est dehors par dessus les rues, non seulement à superflu en la chambre par les petits espaces qui sont entre le plomb & le verre des fenestres, mais aussi par toutes les plus petites & cachees

Les fourneaux à vent de Hambourg reiettables.

Ceci est notable.

chees crevasses, qui se peuvent trouver és parois de la chambre, en sorte que si vous tenés la main, ou bien une chandelle allumee au devant des fenestres, ou des dites crevasses, vous sentirés incontinent la main toute froide, ou la chandelle s' esteindra, & de la vient que les habitans de ce lieu là n' ont jamais une chaleur suffisante és chambres, & jaçoit que ces fourneaux qui ont esté en usage en ce temps & lieu là, ont esté estimés de plusieurs fort salubres, pource, que par le moyen de ce trou ils tirent à eux toutes les mauvaises humidités qui peuvent estre en la chambre : Si faut il que je reprenne hardiment un tel abus, & que je face paroistre, que si sans cela il n' y a point d' air infect & gasté en toute la maison, & qu' il y en aye au voisinage, icelui mauvais air est necessairement attiré dedans la chambre par le moyen de tels fourneaux, & de la sans doute arrive il, que si tous ceux qui sont en la maison ou en la chambre ne sont infectés, pour le moins, quelques uns d' entre eux le deviennent. *Abus manifeste.*

Mais nos fourneaux sont tellement qualifies, que par le moyen d' iceux, selon qu' on l' entendra par apres, on peut avec bien grande & desiree discretion, en temps de necessité, tout aussi bien, voire mieux tirer hors de la chambre le mauvais air, qui y auroit esté enclos & retenu (en ayant compris ce moyen) & en faire entrer un autre qui soit plus sain. *Vertu souhaitee.*

Retournerons ainsi, sans nous arrester plus longuement, á nostre tuyau pour amener l' air selon que l' avons entrepris, pour le parachever. Prenés donc derechef la Figure du fourneau tout entier, vous voyés au long d' icelui du costé de la main gauche deux lignes droites á plomb depuis le plus haut jusques en bas, lesquelles á l' advenant de nostre baston de mesure raccourci, duquel il á esté parlè, sont á huict poulces l' une de l' autre, par lesquelles deux lignes est representee la paroy, comme il est la mesme declarè : vous entendrès en outre, comment le susdit tuyau pour l' ayr doibt estre conduit, *Paroy ou mur.*

depuis

depuis les trous susmentionnés du fourneau à travers de la paroy : lesquel tuyau entant qu' il est pres du fourneau, doibt estre aussi long qu' on doigt, de matiere qui ne prend point feu, come de terre, ou de fer blattu, selon qu' il est representé la mesme par une ligne picotee ; quant est du reste qui passe jusques outre la paroy, vous le pourrés faire hardiment & sans danger, d' un tuyau rond ou quarré tont de bois, au debout duquel vers la main gauche en dehors de la paroy vous y pendres un petit huis en forme de trappe, & puis environ un pied dehaut par dessus icelui tuyau, ferés encore un petit trou à travers de la paroy, sous lequel pour meilleure comodité, afficherès deux petits rouëts tournans, l' un à l' un des costès de la paroy & l' autre à l' autre, selon qu' aussi on le peut veoir plus intelligiblement en la Figure, que non pas par une ample description : Come aussi finalement coment il faut qu' en icelui huis il y aye un petit manche recourbè, pour y attacher un petit cordon, qui sera menè par dehors jusques au petit trou susdit qui est en la paroy, & ainsi conduit par dessus lesdits rouëts, & en fin, si vous n' avès quelque joly contre-poids de plomb, attacherès au bout de ce cordon une pierre, ou bien un sachet plein de sablon : toutesfois il faut que ledit contre-poids aye sa proportion mesuree, en sorte que quand on voudra, (comme on l' entendra par l' usage des fourneaux artificiels) ouvrir ou clorre l' huis du dit tuyau, on le puisse faire autant que besoing sera, par le moyen dudit contre-poids tout esprouvè. Par ainsi le tuyau à l' air sera parfait avec toutes ses appartenances, selon qu' il estoit requis & necessaire pour le present.

Huis du tuyau à l' air.

Rouets.

Tiran de l' huis.

Du tuyau ou conduit pour la fumee.

TOuchant le cōduit pour la fumee, icelui ne doibt pas estre menè sans differēce, come celui q' est pour l' air, en quelque chambre prochaine come on voudroit bien ; mais avec toute prudence, dedans la cheminee, ou bien à travers d' une ou de l' autre paroy, à cause de la mauvaise fumee &

puanteur, voire aussi bien à travers d'une verriere ou fenestre, & ainsi en un air qui soit libre, ou bien en quelque autre lieu, où il ne puisse point empescher. Et entre autres choses est aussi à noter, que ce conduit pour la fumee ne doibt estre en façon quelconque de bois, ni d'aucune autre matiere qui prenne feu, mais comme de fer batu bien fort, ou bien de bonne terre de potier, soit il rond ou quarré, comme on voudra; Puis le faudra tellement appliquer au fourneau, que s'il est possible, il ne couche point tot à plat, mais un peu en montant à travers de la paroy: aussi qu'au bout d'icelui il y aye un petit huis; toutes fois qu'à causé de la grosse & humide vapeur qui sort par là, il soit de bonne & pleine largeur, afin qu'aisement il ne s'estoupe, on y employera pareillement discretion. Comme aussi finalement, selon qu'on le peut suffisamment entendre par la susdite figure qui est toute entiere & accomplie, il ne faut pas que le tiran de l'huis d'icelui, lequel doit passer par dessus les rouëts à travers de la paroy en bonne hauteur, soit fait en façon quelconque de chanvre ou de lin, comme celui du conduit à l'air; mais à cause de la chaleur, vous le ferés d'une chainette faitte de commun fil de fer ployé, & enfin pendrés au bout un contrepoids pour gouverner l'huis. Par ainsi aurés le fourneau artificiel du tout accompli comme il appartient, duquel voyés la propre *Figure*.

Huis du conduit à fumee.

Tiran de l'huis sera d'une chainette.

CHAP. XVI.

De l'usage du fourneau artificiel.

PVis que desormais l'œuvre est tellement representee devant les yeux, que, selon mon advis, il n'est bonnement possible de la faire plus clairement, je monstreray aussi en peu de paroles, quelle diligence il faut employer pour s'en servir.

Faut donc sçavoir, qu' il est bien aisé, sans aucune plus ample instruction, d' apprendre comment il faut traicter ce feu, seulemẽt, quand on voudra brusler du bois, ou bien du charbon, qu' on sache comment il faut allumer l' un ou l' autre. Item quand apres le feu sera en braise, comment il faudra conduire les huis des conduits tant pour l' air que pour la fumee.

Notés donc, que vous avés oui ci-devant au chapitre sixieme, comment il faut apprester le coffre à sablon avec son couvercle devant tout usage. Il vous faudra donc, devant qu' allumer aucun feu dedans le fourneau, emplir ledit coffre de fin sablon : celant estant fait, faut tout premierement sçavoir (dautant qu' en ce fourneau, on pourra brusler non seulement du bois mais aussi du charbon) comment il faudra faire avec le bois (bien qu' à la verité, cela s' apprendra de lui mesme avec le temps & par l' experience) sachés donc que le bois duquel vous vous voudrés servir en cest endroit, doit estre tout aussi bien sec, voire plus necessairement que celui qu' on brusle és fourneaux communs; puis selon la grandeur & commodité du fourneau, il faut que non seulement il soit coupé ou scié, mais aussi convenablement fendu & haché. Pareillement n' est moins necessaire, qu' avec l' autre bois, vous y metties des petites eschettes ou menus vergeons bien secs, comme aussi par fois, quand ne pourrés avoir d' iceux vergeons secs, que vous ayés des coupeaux qui passent par le rabot des menuisiers, dequoy faut que soyés pourveus à suffisance. Puis si vous voulés brusler du bois seulement, vous osterés le couvercle du coffre à sablon, mettrés tout premierement un peu de ces coupeaux de menuisiers, sur le gril, & sur iceux quelques vergeons, si vous en avés qui soyent rompus, non entassés, mais rares, & bien croisés, semblablement agencerés sur cela les plus petites pieces de bois, & finalement les autres, autant que besoing sera, sur le gril, en soren sorte que vostre monceau soit bien airié, puis portés une chandelle allumee dedans par le trou du coffre à sablon, & allumés le menu bois, & quant & quant recouvrés le coffre devant que la fumee aye gaigné, lors les conduits tant pour l'air que pour la fumee estãns ouverts, un chascun autant qu'il est de besoing, serés esbahis de veoir, comment le feu, par le moyen de l'air qui de lui mesme entrera, & de la fumee qui sortira, s'en flambera incontinent à vostre plaisir. Que si ne voulés, creignans la fumee, mettre le feu par le trou du coffre, pour allumer le bois qui est agencé sur le gril, vous pourrés simplement, apres avoir bien couvert le dit coffre, porter la chandelle allumee sous le gril, par le trou aux cendres, qui a estè descrit ci-dessus au quatrieme & cinquime chapitre, ainsi il s'allumera tout aussi bien que par le trou du coffre, lors vous refermerès ledit trou à cendres tant que finalement le feu soit en pleine flamme.

Ici faut il diligemment prendre garde, si d'avanture, n'estant pas bien experimentès en l'usage de ces fourneaux, vous aviès mis trop de bois, en sorte que le feut seroit trop grand, que seulement vous laissiès tomber l'huis du tuyau à l'air, soit pour le clorre du tout, ou en partie seulement: par ce moyen l'air estant ostè au feu, necessairement il s'esteindra du tout à vostre plaisir, ou en partie sera retenu & domptè comme vous voudrès. Que si vous avès une fois l'experience, combien il vous faut mettre de bois dans le fourneau sans dommage, vous serès deschargè de tout soing. Toutes fois comment qu'il en soit, afin que puissiès faire le tout plus profitamment, notès, que quand vous ne remarquerès plus aucune fumee devant le conduit par dehors, alors tout le bois, ou la plus grande partie sera bruslè, & adonc vous aurès une belle visve braise au fourneau sur le gril, en laquelle, certes, est contenue la meilleure & plus naturelle chaleur: Et afin que par le trou de la fumee, qui necessairemẽt avoit estè, *Chose notable.*

ouvert,puis apres icelle chaleur restante en la vifve braise, ne vienne à sortir avec la vapeur & fumee, vous retiendrès tous iours cest advertissement, & fermerès le conduit de la fumee, non toutesfois du tout,mais autant que la braise puisse tousjours demeurer en vie. Pareillement aussi en ce mesme temps,vous ne le laisserès pas trop ouvert le conduit de l'air; & vous trouverès par vostre propre experience, que par un tel usage,la braise qui est restee retiendra souvent sa vertu naturelle trois, quatre, ou cinq heures, ce qui ne peut estre fait en aucune maniere ès fourneaux communs.

Memorial.

Et afin qu'on puisse veoir, sans sortir le poile ou la chambre,si la fumee est passee, on fera seulement un petit trou au conduit de la fumee,& y mettra on une petite broche de fer, laquelle estant tiree hors,s'il y a encore de la fumee,elle se fera incontinent paroistre par ce petit pertuis.

Semblalement quand le feu sera, allumè, si vous voulès veoir son operation vous pourrès faire un petit pertuis au couvercle du coffre à sablon,& une petite broche de fer pour mettre dans icelui, le tout à vostre plaisir. Que si on ne veut avoir de pertuis au conduit à la fumee, en tel cas on pourroit faire un trou en la paroy tout pres dudit conduit & y mettre une petite fenestre de verre, par icelle vous entendrès bien proprement si le feu est encore en flamme ou non.

Pour conclusion il faut aussi sçavoir ceci, quand on voudra brusler du bois, qu'à chascune fois que vous allumerès le feu,vous mettrès à l'entour du bois une poignee ou deux de charbons, car par ce moyen le feu sera beaucoup plus aisément & plus vistement reduit en braises, ce qu'on appercevra bien tost en y mettant la main.

Mais si on veut brusler en ces fourneaux artificiels, seulement du charbon duquel se servent les marechaux, ou bien aussi mesme de la houille (toutesfois quant à la houille, puis que je ne m'en suis jamais servi,je ne puis ici suffisament parler

ler de l' usage d'icelle, jointqu'és lieux où elle est en usage, & où on la peut recouvrer, sans doute un chascun de ceux qui s' en servent pourra aisément apprendre, comment il la faut gouverner, l'agencer & allumer en ces fourneaux) on pourra premierement prendre une courte & profonde paelle & la charger de charbons de bois, puis la porter verser sur le gril, sur iceux vous mettrés quelques autres charbons vifs ou bruslans, qu'aurés auparavant allumés sur le foyer pour provision, & en outre puiserés avec la mesme paelle des autres charbons que mettrés par dessus, en sorte toutes fois que n' estrignés ceux qui ardent, ayant devant tout (ce qu' il ne faut jamais oublier) ouvert les deux conduits, tant pour l' air que pour la fumee, mettrés quant & quant & en haste le couvercle sur le coffre à sablon, alors verrés avec admiration comment lesdits charbons s'allumeront d'eux mesmes, comme estans soufflés, en sorte qu' en brief ils seront tous embrasés. Ce qu' estant, vous avés entendu, en la description du debvoir qu' il faut faire quand le bois, qui a esté mis au fourneau, est reduit en braise, comment il s' y faut comporter, ferés donc tout de mesme, sans qu' il soit besoing de prolonger ici mon propos.

Memorable.

CHAP. XVII.

Comment ce forneau artificiel, venant par long usage à se charger de suye, doit estre nettoyé.

VOus avés entendu ci-dessus au quatorzieme chapitre, en quelle maniere, le costé de devant du fourneau doit estre dresse avec tous ses trous & huislelets qu' il faut mettre au devant d'iceux, mail il n' a esté encore necessaire de sçavoir

voir à quoy sert tout ce traicté concernant lesdits trous; or maintenant qu'il à esté monstré, comment on doibt chauffer le fourneau artificiel, soit ce avec du bois ou avec des charbons, posès le cas qu'il a esté chauffé une bonne espace de temps avec du bois tant seulement; necessairement, à cause de beaucoup de grosses humeurs de la fumee du bois le fourneau s'emplira & sera comme estoupé de suye. Pour prevenir cest incommodité, ou bien pour y remedier apres qu'elle sera advenue, vous sçaurès, qu'aussi tost que vous remarquerès qu'il se veut estouper, il convient de prendre un racloir de fer qui tout expres aura esté fait pour cest usage, ayant un manche asès long: en sorte que le puisès mettre dans les trous du costé estroit de devant, les ayant premierement ouverts, & attoucher iusques aux fonds des conduits ou cours du fourneau, & ainsi raclerès la suye d'iceux conduits par ordre depuis le plus haut iusques au plus bas, par ainsi il sera nettoyé. Et devant que nettoyer les cours du fourneau, faudra premierement nettoyer le conduit pour la fumee, & pour cest effect, bien prendre garde à poser ledit conduit en sorte qu'en tel cas on y puisse aborder. Mais si le conduit de la fumee entre dedans la chenee, ce qui se fait communement en tous les fourneaux, il sera du tout bien aisé à nettoyer.

Chose notable.

Quant tout cela aura esté accompli, vous reserrerès tous les huis en la maniere susdite, asçavoir par le moyen d'une fine argille bien demeslee avec du poil, fichant derechef toutes les petites broches de fer ou de laiton une chascune en son trou aussi fort qu'il appartient, puis enduirès les crevasses en sorte que suffisamment resistance soit faite à la fumee. Vous pourrès veoir plus amplement la forme du dit racloir avec lequel il faudra nettoyer le fourneau, aupres de la delineation du fourneau tout entier, *marquee du nombre 12.* comment à peu pres il faut qu'il soit fait.

Racloir.

Ainsi

Ainsi j'estime, qu'ayant, selon la necessité de tout, traicté de ce fourneau artificiel, non seulement de piece en piece, mais aussi comment à la parfin il s'en faut servir, & avec quels advantages, on le pouera veoir clairement & suffisamment. Partant je le recommande à tout bon personnage aimant les sciences, qui s'en voudra servir, non seulement pour mettre la main à l'œuvre pour le faire, & y corriger aussi ce qu'il y trouvera de defaut : mais aussi je le prie de ne prendre en mauvaise part ce mien petit, toutesfois d'une bonne affection procedant ouvrage, ni aussi le mespriser ou s'en moquer.

CHAP. XVIII.

D'un autre fourneau artificiel, auquel on pourre cuisiner la viande, tout aussi bien qu'és vieux & par ci-devant usités fourneaux en ces quartiers.

DAutant qu'en ces païs ici, c'est à peu pres par tout la coustume, qu'en temps d'hyver, pour espargner tant plus le bois, on cuit la viande accoustumee és fourneaux qui ont esté usités jusques à present, plusieurs pourroyent penser, que le bois qu'ils pourroyent espargner és fourneaux susdits, s'en irroit paravanture tant plus largement, en faisant la cuisine à part, & que si les fourneaux artificiels n'estoyent pas commodes pour y cuire la viande, tout aussi bien qu'és fourneaux qu'ils ont eus iusqu'à present ; ils aimeroyent beaucoup mieux chanter la vieille chanson.

Partant ceux là seront ici advertis, que avec une bien petite difference, on peut dresser des fourneaux artificiels en sorte, qu'en iceux on pourra tout aussi commodément, voire

voire mieux cuire la viande, qu' on n' a fait aux fourneaux communs : Et ce en la maniere qui s' ensuit. Apres qu' aurès entendu, comme il à estè dit ci-dessus, quelle proprietè & nature ces fourneaux artificiels ont en eux mesmes, & que les voudrès avoir accommodès en sorte qu'on y puisse cuire la viande, il ne vous sera aucunement de besoing d' avoir le conduit d' embas pour l' air, ni le coffre au sablon avec son couvercle, comme aussi pareillement de faire le feu par dedans la chambre, mais ferès venir le sol tout jusques à la paroy, & poserès le premier tour de briques bien cuittes, ou bien de pots qui soyent bien forts (toutes fois en sorte qu' il vous soit libre d' eslever ce premier tour aussi haut qu' il vous plaira) afin que puissiès vous desfaire de toute ordure en la chambre, n' aurès point de trou ouvert en dedans de la chambre pour les cendres, mais il sera dehors en la cuisine ou en la cheminee, comme l' entendrès ci-apres. Toutes fois pour les causes susmentionnees au chapitre quinzieme, je seroye d'advis, qu' on accommodast s' emblablement le plus ioliement qu' on pourroit un trou à cendres au poile, non point pour tirer hors par icelui les cendres en aucune maniere, mais pour le pouvoir ouvrir, quand quelque mauvais air seroit enclos en la chambre, afin de le faire sortir par là, comme il a estè signifiè par le chap. 15. Et partant le trou par lequel on voudra tirer les cendres sera ordonnè & fait à la cuisine ou en la cheminee : Et icelui trou à cendres, d' autant qu' il servira non seulement pour tirer hors les cendres qui seront tombees par le gril, mais sera en la place du conduit susmentionnè qui estoit fait pour l' air, il faudra pendre à l' embouchure d' icelui un petit huis, lequel, par le moyen d' un petit cordon qui passera iusqu' à la chambre à travers de la paroy, se pourra eslever ou retomber, selon que la necessitè le requerra, selon qu' au 15. Chap. il est dit, qu' il faut que le conduit pour l' air doit estre pourveu d' un tel huis. Cest huis à

cause

cause de l'usage du grand trou du fourneau, peut estre fait, non pas tout droit sous le grand trou, mais un peu au costé, si on remarque qu'il pourroit empescher : dequoy je traicteray plus amplement ci apres au chapitre vingt & troisieme. Puis pour poser le gril sur le plus bas tour, faut considerer, de quelle sorte de pots on se voudra servir pour cuire la viande, sçavoir s'ils auront des pieds ou point, car en tel cas, afin de pouvoir mieux avancer, ou reculer les pots, il ne faudroit point tourner le trenchant des barres du gril contre-mont, comme il a esté dit au chapitre cinquieme, mais le plat costé d'icelles. Cela estant tout ainsi fait à contentement (faut sçavoir, que si on veut, on pourra maintenant poser le gril au lieu, où on fera le feu tant seulement, & le reste de la place, on le couvrira de briques bien cuittes le plus commodement que possible, en sorte neantmoins que par dessous ces briques, on puisse tousjours tirer hors les cendres, comme aussi pareillement qu'on n'oste aucune ouverture au trou qui est par dedans la chambre, pour l'air) le tour d'embas avec ses trous tant pour l'air que pour les cendres seroit accompli selon la necessité : Et encor que ceste premiere posee doive estre faite de beaux pots & peinturés, si l'ay je representee, pour meilleure intelligence ouverte & comme rompue, afin qu'on puisse regarder dedans le fourneau. Voyés *la Figure* 15.

Quant au dessus, & aux autres pieces ou eslevation de ce fourneau, il vous faudra faire un grand trou quarré par dessus le trou aux cendres qui est à la cuisine, lequel sera l'emboucheure du fourneau, regardés qu'il soit aussi grand que la necessité le requiert, & le pourvoirés d'un huis de fer bien joignant, tout en la mesme maniere & non autrement, qu'on en fait presque à tous les fourneaux communs. Puis apres assertés les troisiemes pots (ou bien, où on pourra recouvrer des tables de fer jettees en moule) selon la maniere & forme de tous les autres fourneaux communs, tout iusques à la

 paroy

paroy tout au tour; ainsi vous aurés la troisieme piece accomplie à souhait.

Or quant à ce fourneau qui est commencé en sorte qu'on pourra cuire la viande dedans icelui, estant eslevé jusques à ce point, on le pourra continuer & parachever selon la prescription declaree ci-devant aux chapitres 7.8.& 9. comme en tous les autres suivans jusques à cestui-ci. Porquoy j' estime estre du tout non necessaire de prendre la peine d' en faire ici une description particuliere, mais renvoyeray le Maistre ouvrier favorable simplement à *la Figure* 15. laquelle se rapporte ici.

a, *monstre le trou qui est dedans la chambre.*

b, *celui qui se rend à la cuisine pour tirer hors les cendres.*

c, *la place du feu.*

d, *represente les conduits d' enhaut.*

CHAP. XIX.

Touchant un autre petit fourneau artificiel, auquel on n' a jamais veu de semblable, fait tout de pur fer battu & ployé en rond, lequel on pourra aisément & commodément porter deçà & delà, comme aussi l' asseoir ou dresser és contoirs, ou en autres chambres ou poiles commodes, tout ainsi qu' on le pourra souhaiter.

SI j' eusse fait une delineation ou representation du premier fourneau, comme aussi du second pour la cuisine, descript au chapitre prochainement precedent, qui eust esté embellie de toutes sortes de magnifiques posteaux, termes, archi-

architraves, frises, bordures & plusieurs autres semblables ornemens tirés de l' Architecture, paravanture que tels divers paremens eussent apporté plus d' erreur & empeschement, que d' aide à la vraye intelligence du fait. Vous pourrés veoir celle Figure qui est marquee du nombre 32. laquelle vous monstrera plus intelligiblement comment un tel beau & magnifiquement paré fourneau peut estre dressé, tant pour le profit que pour l' ornement, non seulement és chambres des citoyens, mais mesmes aussi en celles des Princes. Or quant à celui que nous avons maintenant entrepris, vray est qu' il ne sera pas fort joly, mais toutes fois bien plaisant & commode, fait de pur fer battu pour lui bailler forme ronde. Pour le bien comprendre devant que l' entreprendre, prenés garde à cest advertissement.

Pour un suffisant exemple, je descritay seulement un petit fourneau, (duquel je me suis servi moy mesme pour mon particulier, & secrettement, desja plusieurs hyvers, & que j' ay encore pour le present aupres de moy) avec toutes ses circonstances & representeray toutes ses pieces, voire en la mesme mesure, hauteur & grosseur, que pour ce temps là il à peu estre parfait par le moyen des pieces de fer batu qu' on a peu recouvrer, selon que je l' avoye ordonné. Les pieces de fer ayant esté bien applames à force de marteaux, comme aussi taillees à l' esquiere, estoyent, une chascune, longues de vingt poulces, & larges de quinze poulces & demi, je les fi joindre avec des petits clous deux à deux au costé estroit, ainsi une telle piece double estoit en toute sa longueur, de trois pieds, quatre poulces & demi. Ie fi courber en rond une chascune telle double piece de sa longueur & derechef joindre bien serrees avec des clous en sorte que c'estoit comme un rond coffre sans fonds. icelui coffre a en sa rondeur ordinaire, pour mieux dire, en son diametre environ onze poulces. Puis apres ie fi duire le deux plus fortes pieces aussi en rond, & mesuray aux deux costés non joings l'espace de cinq poulces en largeur à chasque costé, là je fi des rayes tout au long de la piece; adonc ie commanday qu' on reployast depuis icelles rayes jusques aux bords, qui estoit cest espace de cinq poulces de largeur, tout droit depuis le haut jusques au bas de la piece, comme le pourrés beaucoup mieux comprendre par la consideration des *Figures marquees des nombres 16. & 17.* qu' on ne le sçauroit descrire par beaucoup de paroles. En fin je fi joindre ces deux pieces, sçavoir celle qui estoit toute ronde *Nomb.16.* & l' autre qui l' estoit en partie, en la sorte comme le voyés en *la Figure A.* En outre il faut sçavoir qu' en la piece d' embas, selon qu' appert par *la Figure Nomb.17.* les deux fueilles retournees droit en dehors, se trouvent esloignes l' une de l' autre à 8. poulces, ie fi donc ioindre à une chascune d' icelles fueilles encore une piece large de huict poulces, semblablemẽt je fi recourber en coing d' esquiere les deux fueilles adioustees, vers la main droicte, en sorte que ces deux fueilles adjoustees avec leur recourbeure, contenoyent vingt & quatre poulces ensemble. On pourra proprement recognoistre, comment elles doivent estre accommodees, par *la Figure* B. au moyen de la ciffre 18. Et ceste piece ainsi ioincte & recourbee, vous baillera proprement l' embouchure, sur laquelle, selon que le verrés incontinent, il faudra adiuster aussi un coffre à sablon. Apres cela ie fi faire un trou au bord de la rondeur d' embas, comme le monstre *la lettre* d. qui en sa largeur de travers estoit de 4. poulces, & en sa hauteur de 3. Ie fi faire un petit huis de fer bien ioignant pour mettre au devant d' icelui trou, avec deux petites bandes de fer pour le pendre, & au devant une petitte barrette ou verrouil pour le serrer, en la maniere qui est representee par *la lettre* e. Icelui petit huis, si seulement on se souvient de l' advertissement, qui a esté

Piece 16.

Pieces 16. 17.

Figure A.

Figure B. nombre 18.

Trou aux cendres d.

Huis aux cendres e.

esté fait au quatrieme chapitre, touchant le grand fourneau de terre, sera l' huis du trou à cendres: Or afin que cest huis se serre plus commodément, & qu' il couvre plus parfaictement le trou susdit, il doit passer la largeur du trou par tout (toutesfois seulement és deux costés & au haut) d' un poulce, & puis que le bord d' embas vient sur le sol, il le faudra accommoder en sorte, qu' il repose bien serré & bien joignant sur le sol: dont s' ensuivra, que puis que le trou d, en sa longueur de travers a quatre poulces, & en sa hauteur trois poulces, qu' il faut que cest huis sois long de travers de six poulces, & haut de quatre poulces. Et comme on peut veoir en icelui quatrieme chapitre, qu' envers la main droicte du second estage, estoit demeuré un trou pour bailler air; ainsi ay je aussi en cest endroit vers la main droite au costé de derriere laissé un trou à l' air d' environ trois poulces, selon que *la lettre* f, le monstre. Devant donc que passer plus outre, il faudra faire un tel trou, & mettre en icelui un petit tuyau de fer battu bien joignant le faisant tenir avec des clous, pour la fin, qui est specifiee ci-dessus au chapitre 15. & semblablement representee en *la Figure* de ce petit fourneau; & finalement avoir un autre long tuyau, soit de fer battu, ou bien de bois pour mettre dedans cestui-là, pour le pouvoir conduire en outre à travers de la paroy.

Trou pour l' air. F.

Apres avoir bien accommodé tout celà, je fi faire un fond ou sol, qui, pour la raison qui s' ensuit, tout à l' entour passoit plus large d' un demi poulce le bord du fourneau; & fi faire en icelui fond à l' endroit ou il joignoit au fourneau certains petits pertuis à l' entour, & puis fi ioindre avec des clous, des petites broches de fer percees, à la bordure du fourneau par dessous en dedans, pour les faire passer par les pertuis du sol, & puis par dessous le sol ie fichay des chevilles de fer dedans les pertuis des broches susdites, de maniere que le sol demeure bien ioynant au fourneau, aussi long temps qu' on voudra.

Fond ou sol du forneau, & le broches pour faire tenir.

Or si je faysoye ici delineation d'une chascune piece de cest ouvrage à part, comme j'ay fait ci dessus au premier fourneau artificiel, j'estime que, puis que desja, on a l'intelligence entiere du premier fourneau, ce seroit plus obscureir la chose, que la declarer davantage : Prenés donc l'entiere delineation de ce fourneau de fer battu en sa *Figure* : En laquelle vous verrés premierement selon l'ordre de lettres g, h, i, les petites broches qui passent outre le sol, particulierement en la broche i, comment le clou passe par dessous le sol, & entre dans le pertuis de la broche pour tenir le sol joint & bien serré au fourneau. Au partir de là je mesuray depuis le sol en montant quatre poulces, & la fi clouër trois crochers dedans la ronde piece d'embas, & sur iceux crochets posay un gril fait en la maniere susmentionnee, toutesfois rond, & au milieu d'icelui ayant un trou pour par icelui pouvoir allumer le bois par dessous, selon que ci-dessus au chapitre 5. a esté declaré, & comme la Figure C. le represente, je fi faire ce gril en sorte qu'on le peut aisément mettre dedans & le tirer hors quand on veut. Aussi vous ay je monstré la forme d'un petit gril commun & simple, ayant quatre pieds, pour estre mis dedans la partie de devant du fourneau où est l'emboucheure, voyés *la Figure* D. Par ainsi je mis tous ces deux grils dedans le fourneau, sçavoir le principal qui est rond, & puis le plus simple, qui est à quatre coings, selon que les lignes picotees qui sont en la plus basse piece ronde, à quatre poulces de haut, le monstrent.

Figure entiere du troisieme fourneau.

Clous pour serrer le sol g, h, i.

Hauteur du gril & sa forme.

Gril à quatre coings D.

Tout cela estant fait, comme je l'ay monstré jusqu'à present, je fi aussi clouër bien fort trois pieds de fer, un chascun desquels est de la hauteur d'un pied, à la plus basse ronde piece du fourneau, ainsi comme à peu pres on le peut veoir en la delineation ou Figure. En outre, si vous avés bien compris la description du coffre à sablon, qui est au sixieme chapitre, comme aussi de son couvercle : vous en ferés un ici tout à la mesme

Trois pieds.

mesme maniere, selon que la largeur & longueur de l'emboucheure le requerra, afin qu'icelui joigne & couvre bien serré de tous costés ladite emboucheure; quant au mien, puis que l'emboucheure de mon fourneau n'est large que de huict poulces, je l'ay ordonné ainsi, qu'en sa largeur ouverte il est large de 7. poulces, & long à peu pres d'un pied, dont il porte necessairement en tous les deux costés outre, un poulce de largeur. Semblablement fi aussi faire en la maniere susdite un profond couvercle, avec un manche clouë sur icelui, qui est bien joignant dedans le coffre, toutesfois bien aisé, afin que, comme il a esté dit, on le puisse mettre dessus, ou l'oster quand on voudra, ou qu'il en sera de besoing. Et dautant que pour les causes susdites, j'ay estimé non necessaire d'en faire une particuliere delineation, vous pourrés veoir, pour la forme d'icelui couvercle, plus amplement la Figure E. Seulement faut ici avoir le soing de tellement poser ce coffre à sablon, que non seulement il demeure ferme, mais aussi qu'il joigne en sorte qu'aucune fumee ne puisse passer à l'entour quand on se voudra servir du fourneau; on le fera donc tenir par le moyen d'une argille gluante bien demeslee avec du poil; pour cest effect j'ay fait clouër au bas du coffre des bandes de fer battu bien menues, pessantes tout outre, larges d'un doigt, par le moyen des quelles j'ay peu tellement enduire le tout (ce qui autrement estoit impossible) que depuis nulle mauvaise vapeur ni fumee n'a peu trouver place pour passer.

Coffre à sablon avec son couvercle.

Ainsi jusques à present seront descriptes les deux parties comme A. & B. qui sont hautes de deux pieds & demi ou environ; Partant s'il y avoit au dessus un couvercle avec un conduit pour la fumee, il seroit assés & abondamment haut pour eschauffer une petite chambre ou contoir, toutesfois estant encore un peu plus haut, il n'amoindrira point la place d'une petite chambre, dont aussi je l'ay eslevé encore d'une piece de fer battu, en laquelle j'ay fait faire quatre pertuis

Pertuis à nettoyer, en la piece F. quarrès de la largeur d' un seul poulce, selon qu' il se peut veoir en une particuliere *Figure* marquee de *la lettre* F. le tout à mesurer avec nostre baston raccourci. I' ay aussi fait clouër bien fort aux costès des quatre susdits pertuis qui sont droictement l' un dessus l' autre, quatre petits vis masles en dehors de la piece, & puis selon que la rondeur de la piece l' a requis ayant fait faire une fueille de fer battu large de trois poulces, & longue d' environ quatorze poulces, sur les deux bouts de laquelle ie fy clouër en croix deux pieces de fer battu bien fortes, comme deux petits bras estendus, à touts les bouts desquelles ie fi faire un trou, afin d' y pouvoir faire passer les susdits vis masles, que vous voyes aupres des lettres k, l, m, n. puis ayant quatre vis femelles les tournay dessus les vis masles & ainsi couvri & fermay iceux quatre pertuis faits en la piece, pour s' en pouvoir servir, comme il sera dit-ci apres, au cas susmentionnè au chapitre 17. & ainsi les ouvrir & reserrer quand besoing sera. Vous pouvès veoir comment ceste fueille de fer battu ou pour la mieux nommer, l' huis pour nettoyer le fourneau, doit estre serrè par dessus les susdits quatre pertuis à nettoyer, *en la Figure* F, en ces lignes croisees & manifestement picquotees. Apres tout cela il faudra prendre ceste piece F, ainsi trouëe, & la faire ioindre serrèment dessus & aux deux autres pieces d' embas, asçauoir A & B. en sorte qu' elle soit bien asseuree, comme est à veoir à la lettre C.

Quatre vis pour clorre iceux pertuis.

Figure F.

Pour conclusion, afin d' accomplir l' œure de tout ce petit fourneau, faut outre tout cela avoir touts prests quatre fonds separès, selõ le nõbre des trous à nettoyer, lesquels fonds doivent estre adiustès selon la rondeur du fourneau, toutesfois en sorte, qu' aisemènt on les puisse mettre dedans & les retirer, comme on le verra bien tost; iceux seront, si non de fer battu, pour le moins de terre cuitte.

En second lieu, dautant que ie les ay choisi de terre cuitte, com-

comme les estimant bons assès, faut sçavoir que, comme ainsi soit qu'un chascun fond est large d'un pied en son diametre, devant que les cuire, on en coupera à chascun une piece de la longueur de trois poulces, selon que voyès en la Figure H. ce qui est marquè par une ligne picquotee là mesme. Puis, apres avoir auparavant divisè la rondeur d'iceux fonds en quatre parties totalement egales, il les faudra mettre l'un sur l'autre, & selon ceste division les percer tout outre, puis faire ouverture de la grosseur d'un festu d'estrain, depuis ces pertuis en dehors, comme cela se peut aussi appercevoir en la mesme figure du fond marquee H.

Finalement, apres que ces fonds auront estè cuits, on les pendra à quatre petits crochets, qu'au paravant on aura clouës au plus haut de la ronde piece d'enhaut, selon la division des quatre pertuis qui sont ès dits fonds, ausquels crochets, on pendra à chascun une chainette preparee pour cest effect, en sorte que non seulement un chascun fond pour soy sera iustement dessous l'un des pertuis à nettoyer, mais aussi seront retournès l'un deça, l'autre delà en leur costès desquels la piece a estè coupee, pour pendre ainsi l'un sur l'autre, le tout selon qu'il est à peu pres representè en *la Figure* rappetissee d'iceux fonds, qui est marquee K. & puis les faudra diligemment enduire (toutesfois tousiours l'un apres l'autre) avec de la bonne argille. Et faut ici sçavoir pour conclusion, que pour faire que ces fonds soyent pendus en bon ordre comme il appartient, il faut avoir au paravant muni les chainettes, selon que la mesure de la hauteur des trous à nettoyer le requerra, de certaines tout expressement faites ioinctures de grosseur convenable pour ce fait, ainsi que pouvés veoir la figure d'une chainette aupres de la lettre L. Quand donc, selon cest advis, tous les quatre fonds de nostre exēple, seront ainsi retournés l'un deçà l'autre delà, & ainsi pendus, comme aussi enduits, en sorte que nul d'iceux ne se

Quatre petits crochets clouës en la ronde piece d'enhaut du fourneau, & leurs chainettes.

Chainette L.

trouvera ni par dessus, ni à l' endroit du milieu devant les trous à nettoyer, mais pendans iustement un chascun sous son pertuis, alors sera toute ceste piece accommodee avec une un peu singuliere maniere de conduits: que s' il plaisoit à quelqu'un de faire que ce fourneau eust davantage de tels fonds & conduits, il ne sera besoing que de faire en une piece tout ainsi qu' en l' autre, commençant depuis le bas en montant.

Tout ce qui a esté traicté jusques à present se pourra, sans doute, bien proprement cognoistre & entendre, par le moyen de toutes les deux parties, asçavoir par la description de tout, & par la manifeste representation des Figures.

CHAP. XX.

Du chapeau, ou plus haut couvercle de ce fourneau.

IE fi en fin faire encore une piece, haute d' un demi pied, toutesfois un peu plus large en son diametre, que celle qui est marquee de la lettre C. jé l' ordonnay en ceste maniere.

Premierement je fis forger un cercle tout entier de fer, large de demi poulce, & le fis clouër à un poulce arriere, du bord d' embas du chapeau M. Secondement je fis tout de mesme clouër un semblable cercle aupres du haut bord du mesme, toutesfois un peu plus pres du bord que le premier; je mis puis apres un rond couvercle de fer battu sur le cercle d'en haut, & fis diligemment clouër le bord passant icelui cercle d' enhaut, au couvercle. Vous verrés la representation des deux cercles en *la Figure* de tout le fourneau *en la piece* M. és lignes pirquotees tout à l' entour de la dite piece, marquees *o* & *p*.

Cercles o & p.

Puis

Puis je fis faire un trou outre trois poulces de large au costé dudit chapeau, & quant & quant clouër bien fort en icelui un court tuyau sortant environ un poulce de long, comme voyés sous *la lettre* q. Or est aussi ce chapeau mobile, tant seulement pour ceste fin, qu' on puisse conduire ce tuyau, qui est pour la fumee du costé qu'on voudra, ou qu' il sera le plus commode.

Finalement faut considerer l' espace qui est depuis ce fourneau, jusques outre la paroy ou fenestre, par où on verra estre le plus commode de conduire le tuyau à fumee, partant se faudra pourveoir d' autant de tuyaux, soyent ils de terre cuitte, ou bien de fer battu, que par le moyen d' iceux, estans joings & entrans l'un dedans l'autre, on puisse richement parvenir au lieu commode pour les faire passer dehors: Ce qui au regard de mon petit fourneau & de son lieu, a requis la longueur de trois pieds: Partant je prins en outre un tuyau long de pied & demi, qui en l' un de ses bouts n' estoit ni plus large ni plus estroit, que le court tuyau large de trois poulces & tentant au chapeau M. aussi touchant ils l' un l'autre en proportion egale: mais l'autre bout de ce premier tuyau qui est long de pied & demi, est fait un peu plus large, afin que finalement l' autre tuyau qui perce la paroy puisse commodément estre mis dedans icelui, & puis estoupé & enduit avec de l' argille.

Apres tout cela il faut sçavoir, en quelle maniere, je fay tenir ferme le premier tuyau de pied & demi, au court qui est cloué au chapeau: Ie le fay ainsi; I' ay auparavant fait preparer une piece de fer pour les joindre, en forme d' un collier, lequel doit estre necessairement un peu plus grand en diametre que les tuyaux: Ie l' enduy par dedans de bonne argille bien besoignee avec du poil, puis j'approche les deux tuyaux de pied & demi, qui sont desja l' un

Collier de fer pour joindre les deux tuyaux.

dedans l'autre & longs de trois pieds, du court qui est cloué au chapeau, aussi pres que possible; lors je fay venir par dessus la jointure le collier enduit par dedans d'argille, aussi gentiment que possible, je l'enduy tout à l'entour, & puis c'est fait : Vous cognoistrés ledit collier aupres de *la lettre* N. Toutesfois pour une despendance necessaire, ne faut en aucune maniere celer ceci, que devant qu'on joigne en la maniere susdite iceux tuyaux ensemble, il faut avoir enduit tout le fourneau aussi bien & diligemment qu'on pourra, puis aussi pareillement le chapeau avant que l'avoir mis en son lieu, lequel chapeau on mettre alors sur le fourneau & le faudra pareillement enduire avec de la bonne argille. Et apres tout regarder l'instruction du 15. chapitre, touchant tous les deux tuyaux ou conduits, comme se raporportante du tout ici.

Touchant les deux conduits, voyés le 15. chap.

Partant j'estime non necessaire d'en parler ici plus amplement : Regardés, pour plus ample intelligence, la Figure toute entiere, qui vous represente la forme du second petit fourneau artificiel, marquee du *nombre* 19.

Quant à la maniere de faire le feu, ou chauffer ce petit fourneau, sachiez qu'il faut faire tout ainsi, & non autrement, qu'au grand fourneau, ainsi qu'il est escrit au seizieme chapitre. Toutesfois il reste à considerer, quelle sera la chambre, si grande, ou petite, laquelle on voudra eschauffer par le moyen de ce plus petit fourneau artificiel : que donc il vous plaise escouter sans ennuy ceste instruction touchant cela.

CHAP.

CHAP. XXI.

De l'usage du petit fourneau artificiel, non seulement en petites chambres, mais aussi en grandes.

IAçoit que jusqu'à present nous ayons assés amplement descrit les fourneaux artificiels, tant en grande qu'en petite forme, soyent ils de terre ou de fer, si faut il d'abondant encore adjouster ceste dependance en partie necessaire, sçavoir comment on pourra eschauffer une fort grande chambre par le moyen de ce dernier petit fourneau, dequoy ne convient se taire, puis qu'il se peut faire, moyennant qu'on sache en quelle maniere on s'en pourra servir, le munissant un peu autrement qu'il n'a esté dit. Et encor que le logis duquel je me sers pour le present, soit d'une grandeur assés ample, car en tout sont compris il a outre deux mille six cents & vingt six pieds cubiques; tant y a que par le moyen de ce petit fourneau, que j'ay descrit és chapitres precedens, qu'il face aussi froid qu'il veut, neantmoins il peut estre chauffé autant que besoing est. Or je monstreray ces deux points l'un apres l'autre; premierement en quelle maniere je m'en sers pour le present; puis apres, comment il le faut accommoder, pour, par le moyen d'icelui, eschauffer des grandes chambres.

Grandeur de la chambre de l'autheur sçavoir 2626. pieds cubiques.

En premier lieu, quand je veux faire le feu avec des charbons seulement, & que j'en ay mis environ un pïed de haut, & iceux allumé en la maniere susescrite au chapitre seizieme, en sorte qu'ils sont du tout embrasés (ce qui se fait bien tost à merveilles) dont mesme le fourneau se monstre par fois tout brun tirant sur le fauve, cela ne lui dommage point: mais s'il devient jaune & blanchastre, c'est alors qu'il re-

Usage du petit fourneau en petite chambre.

Couleur brune ne dommage point, mais la jaune est dommageable au fer.

çoit dommage: car une telle claire jauneur consume le fer: Or s' il arrivoit qu' on eust paravanture mis trop de charbons en sorte que le fourneau en devinsse jaune, telle couleur lui pourra aisément estre ostee, si seulement on serre le petit huis qui est devant le trou à l' air en bas, (comme il a aussi esté declaré ci-dessus au seizieme Chapitre touchant la chaleur superflue ou trop grande en un fourneau de terre) & le petit huis qui est en haut devant le trou à la fumee, soit en partie seulement ou bien tout entier, ce qui s'apprendra tout aisement par un peu d' usage; car par ce moyen les charbons ou la braise s' estouffe dedans le fourneau sans aucun dommage. Que si on veut tenir ces charbons embrasés en leur vigueur quelques heures de temps, alors il faudra tenir les deux trous, tant celui qui est pour la fumee, que celui qui est pour l'air (selon l' instruction du seizieme Chapitre) ni trop ouverts, ni trop serrés: car l' experience monstrera tout entierement & sans peine, comment on se pourra servir avec plaisir d' icelui, partant le pourrés faire hardiment & sans aucune peur.

Ie declareray maintenant en quelle maniere une fort grande chambre pourra estre eschauffee par le moyen de ce petit fourneau. Car j' ay veu à Couloigne, qu' on chauffoit un fourneau de fer commun, avec un fort grand feu fait de houille, en une fort grande chambre: laquelle houille toutesfois, quand on la cognoist, & la sçait allumer comme il appartient, cause une tresgrande chaleur. Ce dit fourneau, pource que par dedans il estoit muni, & enduit d' argille à l' epaisseur d' un poulce, cela ne lui dommageoit rien du tout, mais, à cause de son espaisseur, le tenoit en une bonne & longue chaleur. Ie monstreray donc en peu de paroles, en quelle maniere cestui nostre petit fourneau, si on en veut eschauffer des grandes chambres, doibt

doibt eftre muni & enduit avec une matiere meilleure & plus durable.

Preparation du fourneau, quand on en voudra efchauffer des fort grandes chambres.

Qu' on enduife ce petit fourneau de fer battu, avec la mefme argille, qui eft defcritte ci-deffus au fixieme chapitre, depuis le gril, jufques au plus haut, là où toutesfois il faut neceffairement & principalement fçavoir, qu' alors, fi on veut, il ne fera nullement befoin des conduits ou quatre fonds pendans fufmentionnés, dautant qu' à caufe de la trop grande fumee, vapeur & cendres, ils fe rempliroyent ou eftouperoyent trop fouvent.

Puis eftant ainfi enduit, on devroit avoir quelques longues pieces de fil d' acier tourné en rond, afin de les plaftrer quant & quant avec l' argille; ce afin qu' icelle argille enduite, à caufe de la trop grandre chaleur qu' il faut qu' elle fouftienne, ne vienne aifément à fe desfaire & tomber. Le pouvant faire en cefte maniere, on auroit, combien qu' avec un peu plus de defpens, un fourneau bien durable.

Pour conclufion il faut auffi ici fçavoir qu' apres qu' on aura ainfi enduit le fourneau, d' argille avec le fil d' acier, il feroit bon de prendre quelques petites pieces de tuiles rompues, & les ayant mouïllees, les enfoncer dedans cefte argille, & quant & quant enduire bien joignamment & applanir le tout, ainfi le fourneau retiendra d' autant plus longuement fa chaleur, & fi n' aura on peur (à caufe de ceft enduict ou encroufture) de la trop grande chaleur, ni du trop grand feu, & fi fera on pourveu, d' une beaucoup plus aggreable & plus fuffifante chaleur, qu' autremen en faifant triple couftance, en ces malautrus & incommodes fourneaux, qui ont efté jufques à prefent en ufage. Mais il faut ici encore fçavoir ceci, que fi en cefte maniere on vouloit emplir bien haut ce petit fourneau de houïlle, ou bien d' autres charbons alors on ne

fe pourse pourroit servir de l' emboucheure E. dautant qu'elle ne s'estend que jusques à la troisieme partie du fourneau, mais en tel cas, au lieu du chapeau M. il en faudroit faire un autre, qui eust un coffre à sablon avec son couvercle, selon la representation de *la Figure marquee du nombre* 20. & puis jetter toutes les busches, vergeons rompus, tout le bois ou charbon, autant qu'il suffise, en la maniere usitee à Cologne és fourneaux de fer communs, par en haut dedans, & quant & quant mettre le couvercle sur le coffre à sablon. Puis apres allumer le feu en la maniere susenseignee, & on verra merveilles. Car combien grands & non necessaires despens il a falu faire en tous ces gouffres, ou granges aërees de fourneaux (pour les nommer comme il appartient) je le representeray, & prouveray ici par un seul exemple, que par l'experience, en ces miens logis, où il y avoit desja des fourneaux communs, il m' a falu mettre souvent 7 ou 8. grandes busches de bois dedans iceux, qui toutes foir n' ont pas tant apporté de chaleur és poiles, que maintenant j' en ay de coustume, au moyen d'une ou de deux poignees de charbons avec une seule buche, quand au preallable selon que la grandeur du fourneau le peut souffrir, & selon l'instruction du seizieme chapitre, on l' a scice & fendue comme il appartient, disposee par ordre & bouté le feu dessous. D' où on peut manifestement recueillir combien grand voire incroyable profit s' ensuit en peu de temps, de l' usage de ces fourneaux artificiels, ou bien, pour le dire ainsi, pour combien de bois on à buslé superfluement, voire combien on a jusques à present despendu maudeuëment d' argent, par mille, voire mille fois mille, qu' on cusse peu espargner, par le moyen de ces fourneaux, & ce avec suffisance & contentement.

Grande difference de l' utilité de ce fourneau.

CHAP.

CHAP. XXII.

Commēt il faut faire le feu avec du bois & charbon en ce petit fourneau, sans qu'il soit, ainsi enduit par dedans.

OR si on veut faire le feu avec du bois seulement, y adjoustant un peu de charbons, ou bien mesme sans iceux, comme de fait jusques à present je l'ay fait souvent dedans mon petit fourneau, & encore le fay selon que la commodité se presente. Ie representeray le tout en peu de paroles, comment il se faut gouverner tant en une sorte qu'en l'autre.

Il faut donc sçavoir, que dautant que pour le plus du temps, j'employe plus de bois qu'à moitié en ce petit fourneau que j'ay maintenant, il est force, qu'il soit chaut beaucoup plustost, que autres fois quand je ne brusloye que du charbon. Cependant le bois, lors qu'il cōmence à s'enflammer, à cause de beaucoup de grosse & humide fumee, emplit le fourneau de beaucoup plus d'ordure, que quand je me suis servi de charbon seulement: Ce qui cause à la verité, qu'il le faut plus souvent nettoyer, avec ce racloir, qu'il faut avoir à la main, & selon la maniere qui aussi est descrite ci-dessus au XVII. Chapitre. Il faut aussi sçavoir, que, quand on brusle du bois seulement, (si le fourneau n'est enduit de l'argille susdidite) à cause de sa picquante, salee, ou plustost mercuriale fumee, le petit fourneau de fer sera de beaucoup d'annees plustost usé, que si on brusloit du charbon seulement: Quoy qu'il en soit, si ne puis je sçavoir, puis que moy mesme ne me suis servi de ceste invention, sinon depuis deux ou trois hyvers, combien il pourra durer: tant y a qu'il est manifeste que le charbon ne dommage en aucune maniere au fer battu.

Vsage du charbon seul.

Pour l'amour de quoy, quand en hyver je revien souvent

à la maison ayant froid, dont j' ayme beaucoup mieux me chauffer aupres de mon fourneau, que non pas devant une cheminee ouverte (là où souvent on est comme rosti par devant, & par derriere on engele) j' ay seulement enduit mon fourneau à l' endroit des jointures, & où necessairement cela estoit requis, afin que mes buchettes, que j' avoye jetté dedans, me donnassent bien tost une luisante & aggreable chaleur. De quoy de fait les nobles & honorables Seigneurs Monsieur de Bodek, Monsieur Rächlinger de Rächlingen/ Gentil homme, & autres Seigneurs de marque, se sont resjouïs, voyans avec grand esbahissement, & en verité lors qu' entrés en mon logis, pour se faire peindre au vif, qu' avec si peu de coust, on pouvoit jouïr d' une chaleur si abondante.

Cheminee mangebois.

Plaisir du fourneau.

Conclusion touchant ce deuxieme petit fourneau.

CEci suffira aussi, selon mon advis, touchant ce petit fourneau artificiel : Mais puis que pour eviter trop long discours, je n' ay rien dit, touchant la maniere d' allumer le feu, & d' autres choses, on sçaura, qu' en ce petit fourneau, on le pourra faire, tout en la mesme maniere, qu' il a esté enseigné ci-dessus au XVI. Chapitre, soit par le coffre à sablon, ou bien par l' embouchеure.

Semblament il faut ici entendre l' usage, tant de l' huis du trou à fumee, que de celui qui est pour bailler air, avec toutes leurs circonstances, estre tout le mesme que celui qui est descrit au XV. Chapitre: comme aussi pour plus ample declaration on reprendra la Figure du fourneau entier ci-dessus souvent mentionnee, laquelle se rapporte ici.

Vsage des huis des trous à la fumee, & à l' air, voyés le Chap. 15.

Que si apres tout, quel qu' un trouve quelque chose à corriger en ceste mienne petite invention, je prie derechef un tel en amitié, que pour le bien commun il ne le vueille obmettre, en quoy me fera un plaisir singulier.

CHAP.

CHAP. XXIII.

De deux autres sortes de fourneaux artificiels plus simples, & neant moins aussi bien profitables.

S'il arrivoit que les deux fourneaux artificiels ci-dessus descrits, s'emblassent estre à quelqu'un trop gredillés ou difficiles, dont plusieurs pourroyent se desgouster d'iceux à cause de tant de long tours, & ainsi ne s'en vouloir point du tout servir : A celle fin donc qu'aussi on puisse dresser (sur tout és quartiers où le bois n'est si cher) une sorte de fourneaux plus simples, toutesfois bien profitables & plaisans ; je ne m'ennuyeray point de prendre la peine de descrire une telle sorte de fourneaux plus simples, & qu'on peut faire à meilleur marché, afin qu'on puisse plus com̃odément choisir, entre plusieurs sortes, celle qui plaira le mieux.

Vous prendrés devant tout, les Figures ordonnees pour representer ces fourneaux plus simples, comme entre autres celle qui est marquee du Nombre 21. Là il faut que vous imaginiés, comme ci-dessus en la Figure du Nombre 15. que vous voyés de dehors de la chambre à travers de la paroy, justement dedans ce fourneau. alors vous remarquerés incontinent, entant qu'aurés seulement un peu pris garde aux advertissements ci-devant representés, touchãt les autres fourneaux artificiels, en quelle maniere ce plus simple fourneau, que nous descrivons, doit estre dresé. Vous pourrés aussi entendre par la Figure du Nombre 22. comment le plus bas fondement a, b, c, d, & le gril e, comme aussi le trou à l'air & aux cendres f, doivent estre ordonnés. Semblablement vous pourrés veoir du tout proprement la paroy entiere ainsi qu'elle est en dehors de ce furneau, avec son trou à l'air & aux cendres f, comme aussi avec sa vraye embouchure g, en la Figure du Nombre 23. & finalemēt derechef en la Figure 21. comment un tel simple fourneau peut estre dresé dedans un poile ou chambre.

Ce simple fourneau artificiel, ainsi qu'on le peut veoir par la representation des lettres A, B, C, D, (cōme on l'entendra par apres, comment il est ordonné sans gril, sans huis aux cendres ni à l'air, comme aussi sans ces trapes susmentionnees) me fut monstré l'an 1614. à Hambourg, d'un de mes bons Seigneurs & amis fort industrieux & aimant les sciences, nōmé GEORGE LIVERS peintre de verres, & Conestable ordinaire de la dite ville, lequel l'avoit en sa maison, & à la verité il l'estimoit à bon droit beaucoup plus, que les autres communs fourneaux mange-bois & argent, & qu'à bon droit on appelle fourneaux à vent (car ils amenent du vent asés, mais ils consument quantité de bois insupportable) qui sont la en usage: Et quant à moy j'estime que, si ce bon Seigneur eust eu la cognoissance du gril, de tant de conduits si bien serrés, cōme aussi des petits huis à l'air & aux cendres, par le moyen de l'usage tant de la trape ordonnee pour l'air, que de celle qui est pour la fumee, il eust sans doute maudit en l'abysme ces detestables fourneaux à vent sus-mentionnés. Et encor que je ne descriroye plus amplement ce dernier simple fourneau artificiel; je tiendroye neantmoins qu'on pourroit aisément recognoistre & apprendre des Figures susmentionnees, cōment il doit estre dresé: Toutesfois, afin que le tout soit plus clairement entendu, & receu & recognu plus veritable, je le prendray, pour en representer à peu pres la grandeur selon le pied de mesure, & pour enseigner cōment il le faut faire: Et combien que personne ne doive estre adstreint à ceste proportion, sinon seulement pour exemple, mais qu'un chascun à l'advenir, apres en avoir comprins la vraye intelligence, & tout ce qu'il est necessaire de toucher en cest endroit, pourra

choisir

choisir une telle grandeur d'un tel simple fourneau artificiel, qu'il lui plaira, selon que la grandeur de la châbre le requerra: le passeray neantmoins outre, & poseray pour exemple suffisant, que le sol soit long de trois pieds & deux poulces, & large de deux pieds & deux poulces, comme le monstrent les lettres a, b, c, d, or par le costé c, d, est entendue la paroy de dehors; dont s'ensuit, que la paroy de dehors, ou plustost le mur, aye, pour ceste fin, auparavant deux trous l'un sur l'autre, l'un qui est celui d'embas & plus petit, contre le plus bas fond du sol, qui sera bien plus estroit qu'un demi pied, & sera le trou aux cendres ou à l'air: lequel devant toutes choses on munira, le plus commodément qu'on pourra, d'un petit huis à la façon d'une trappe, en la maniere ci-devant declaree, toutesfois ne pourra pas du tout estre accomodé ainsi come les susdits, dautant le grand trou usité du fourneau sera par dessus cestui-ci, on ne pourra ici faire lever cest huis contremont, mais le faudra ouvrir & serrer de costé, par le moyen d'un petit ressort. Pour ceste cause il ne faut pas que ce trou à cendres soit droictement sous le grand trou ou emboucheure du fourneau, mais on le peut faire un peu sur le costé, la où il empeschera le moins. Mais quant au grād trou ou emboucheure du fourneau, il doit estre un peu grand qu'un pied en sa quarrure, & muni d'un huis qui soit fort & durable. Apres on posera le sol en dedans du poile, mettant tout à l'entour des briques, & selon sa grandeur un gril convenable & necessaire, j'estime la grandeur d'icelui d'un pied & un peu plus en quarrure, vous le poserés en son lieu, justement au devant de l'emboucheure du fourneau sur diverses briques, le mieux que pourrés, puis aussi vous ferés un cōduit de briques depuis le trou à l'air qui est en dehors, jusques dessous le gril, selon que le monstre la deuxieme ligne longue rayee, alors remplires toute la place vuide qui est à l'entour du gril & de ce conduit, de terre ou de sablon, puis apres couvrires tout le sol de dessus, comme aussi le trou à l' air, de petites briques ou quarreaux, selon que les lignes picquotees le monstrent, ainsi sera se premier fondemẽt achevé. vous recognoistrés le trou à l' air aupres de f, & le gril aupres de e.

Quand donc apres cela vous poserés sur les trois costés, comme sur c, a.a, b.& b, d. (car d, c, est le costé de vers la muraille) une rengee de pots faits tout en la mesme maniere, qui a esté descrite au chapitre 6. les munisant bien, sur tout à l' entour du gril, desquels pots un chascun sera de la hauteur d' un pied, vous pourrés bien mesurer deux pieds depuis b, vers a, & depuis d, vers c, & puis, selon que voyés les lettres g, h, en la Figure du Nombre 24. enclorre une assés forte barre de fer, laquelle pourra bien estre aussi mise un peu plus haute que je ne viens de dire, ce qui se fera selon la commodité, passerés donc outre en tout, en haussant tousjours, non seulement les costés c a, a b, & b d, par dedans la chambre le plus jolyement que voudrés ou pourrés, mais aussi quant & quant il faudra eslever une rengee de pots par dessus la barre de fer du mieux que vous pourrés, comme aussi en eslevant le costé a c, bien prendre garde, qu' en icelui-vous laissiés en haut un trou pour la fumee, & ici quant & quant plastriés ou enduisiés le tuyau pour la fumee, adonc vous poseres par dessus, la couverture le plus proprement que pourrés en la maniere accoustumee en tous autres simples fourneaux, ainsi sera le simple fourneau artificiel du tout accompli. De quoy voyés la Figure du Nombre 21. Là voyés vous par imagination, comment le feu fait retomber sa vertu, & la fumee, la quelle puis apres remonte vers le tuyau pour sortir; or notés ici proprement, qu' un tel simple fourneau artificiel est beaucoup meilleur, que jamais ne pourront estre trouvés les autres communs fourneaux. Et peut on tout aussi bien cuisiner pour les communes gens, en ce dernier appelé simple fourneau artificiel, qu' en un autre commun & par ci-devant

usité,

usité, comme aussi pareillement en celui qui est descrit au XVIII. Chapitre.

Pour conclusion je diray encor ceci, dautãt que ici le trou à l'air est en dehors de la chambre, que s'il estoit de besoing, pour la cause specifiee au Chapitre XV. en bastissant le fourneau, on pourra sans dommage faire encore un trou à lair par dedans la chambre, toutesfois justement à l'oposite du gril, on pourroit par le moyen de ce trou (toutesfois il faudroit en ce cas fermer celui de dehors) gentiment tirer vers le feu ardant toute la mauvaise senteur hors de la chambre.

Quant à l'ordre qu'il faut tenir pour faire le feu, comme aussi touchant l'ouvrir ou fermer des huis tant pour l'air que pour la fumee, & comment tout le reste doibt estre fait; puis que le tout est fort aisé à comprendre des advertissemens cidessus escrits, singulierement au chapitre quinzieme, pour eviter ꝑplixité, je renvoyeray là le Maistre ouvrier favorable. Et pour le regard du nettoyement de ce simple fourneau artificiel, pour ce qu'il se peut faire aisemẽt par un petit garçon de ramõneur de cheminee, je n'adjousteray rien davantage. Ainsi vous avés quatre sortes de fourneaux artificiels, pourrés choisir celle qui vous plaira le mieux.

Encore une autre sorte de fourneau artificiel bien aisé.

VOus avés encore en la Figure du Nombre 25. une sorte de simple fourneau artificiel, qui est fort utile, laquelle m'a esté monstree en ses premiers traicts, de par le Noble & valeureux Seigneur Monsieur Awrochs/ Colonel provincial du Comte d'Ysenburg/ Vous voyés là comẽt le feu par son retour en bas, est de beaucoup plus grande efficace, qu'en ces fourneaux communs. Que si seulement en ce fourneau vous ordonnés les deux tuyaux tant pour l'air que pour la fumee, ensem-

ensemble & le gril, comme je l'ay aucunument representé en la Figure du Nombre 25. selon toute la maniere susspecifiee, sans aucune doute, vous y trouverés une singulierement bonne piece d'ouvrage. Et ainsi aurés pour addresse, la cinquieme maniere, du cours de la chaleur asés amplement & manifestemẽt representee, en sorte qu'on peut veoir dedans le fourneau, tout ainsi que si l'un des costés estoit rompu.

CHAP. XXIV.

S'ensuit ci-apres une nouvelle façon ou maniere d'un fourneau artificiel pour cuisiner, Aux Lecteurs.

TRes honorés, favorables, & bien aimés Seigneurs & amis. Plusieurs non seulement saincts & esprouvés personnages, mais aussi grand nombre de gens de bien & creignans Dieu attestent & enseignent, que nous sommes redevables d'ordonner tellement toute nostre vie, que communiquions á nostre prochain tous les dons & graces qu'avons receu de Dieu, & ne les retenions pas pour nous mesmes, le tout principalement pour l'amplification de la gloire de Dieu, puis aussi pour l'amour & prosperité des autres hommes.

Voila pourquoy j'ay voulu descrire & communiquer ceste mienne simple & peu apparente invention des fourneaux artificiels susspecifiés, non point pour ces enflés & superbes ventres rebelles, & qui ont, par maniere de dire, oublié Dieu & la nature, (attendu mesmement que toutes personnes honorables & riches, recevront de ceci, & y trouveront du plaisir & du contentement) mais seulement & simplement, pour le bien des honestes citoyens & pouvres menagers.

I'ay pareillement appris par l'usage des fourneaux artificiels, une maniere ou façon de fourneau à cuisiner, que j'ay trouvee bien estrange, mais neantmois fort utile: Et dautant que j'ay apperceu, que par l'usage d'icelui, le commun peuple pourra non seulement espargner une bonne somme d'argent, mais aussi par usage plus moderé, & toutesfois suffisant pour la nature, de ceste noble creature que Dieu à donné aux hommes, assavoir du bois & charbon, icelui ne sera pas si prodigalement consumé, comme par ci-devant: C'est ce qui ma esmeu à descrire & par figures representer à la veuë icelui fourneau à cuisiner: Car il est certain que, encor que par le moyen de ces fourneaux, on ne puisse pas droictement cuisiner pour les Princes, si pourra on gentiment accoustrer deux, trois, ou plus de sortes de viandes, pour gens honnestes, & ce avec fort peu de feu, en sorte que ce sera plaisir.

CHAP. XXV.

Touchant les pots, desquels il se faut servir en ces fourneaux.

EN premier lieu, il faut noter que, comme en toutes autres choses, ainsi aussi en cest endroit, on doit prendre garde à la grandeur ou petitesse du mesnage ou famille, afin de faire & ordonner les pots à l'advenant grand ou petits. Et ce en la maniere qui s'ensuit: Il est bien vray que les pots seront faits au tour du potier comme les autres pots de terre, mais toutesfois il faut qu'il y aye un coffre singulier qui soit en haut estroit, & large en bas, & selon que *la Figure* qui se rapporte à ce Chapitre, marquee *du nombre* 26. le monstre, vous voyés là deux de ces pots encoffrés, situés en sorte que l'un represente plus particulierement le haut, & l'autre le bas du pot, vous voyés que la partie estroite du coffre est fermement joingte au pot, mais celle d'embas qui est plus large est bien la largeur d'un poulce arriere, & est ce coffre comme une ceinteure à l'entour du pot. On pourra aussi, afin qu'on puisse mieux gouverner le pot, y faire une ou deux empoigneures; Espere ainsi que cognoistrés en outre plus parfaictement, comment iceux pots doivent estre proprement faits, par le regard de la figure, que non pas par plus ample description.

Davantage il faut qu'un chascun pot, autant que vous en voudrés mettre en œuvre en ce fourneau à cuisiner, aye un rond coffre à sablon, large d'un poulce & environ d'autant profond, selon que le vous monstre *la Figure du nombre 27.* laquelle se raporte ici, dedans lequel icelui pot, avec sa ceinture tenant bien ferme se puisse poser, comme on l'a fait cidessus és coffres à sablon avec leurs couvercles, qui ont esté posés és fourneaux artificiels, & ayant empli iceux coffres de sablon, les plastrer bien serrément en sorte, qu'on puisse mettre les pots à cuisiner dedans iceux, les tourner & conduire, & les oster tout ainsi qu'il appartient. Vous pourrès mieux entendre, comment iceux coffres percès & approfondis doivent estre à peu pres proportionnès au regard de ces pots, par la contemplation d'icelle *Figure 27.*

CHAP. XXVI.

Touchant les fourneaux à cuisiner, & comment iceux doivent estre murés.

IL faut premierement considerer, quand il sera question de dresser de ces fourneaux à cuisiner, combien on y voudra avoir de pots à cuisiner, si un seul, ou plusieurs : Puis apres, il faut tousjours, (comme il est bon à penser) eslever le fondement ou le mur, en sorte, que les pots, soit un seul, ou deux, ou trois, ou trois, ou autant qu'en voudrés avoir, ayent autant de place, qu'il leur en faut.

Pour exemple, j'estime que pour descrire & bastir un fourneau à cuisiner, lequel aye deux pots, un chascun desquels contienne en haut l'espace de six poulces, le coffre à sablon aura en sa largeur exterieure huict poulces. Les deux coffres donc estans mis l'un aupres de l'autre empliront seize poulces, c'est un pied de mesure & quatre poulces, dont il me faut avoir un tel fond, soit de briques ou d'argille, sur lequel je puisse eslever un petit mur, qui en sa grandeur interieure, soit large un peu moins que de huict poulces, & long de seize poulces: Ie trouve ici que la largeur de sept, & la longueur de huict poulces le pourra faire. *Sol du fourneau à cuisiner.*

Là où en outre faudra considerer une fois pour toutes, sçavoir si on veut gouverner un chascun pot à part l'ui faisant son feu separément, ou bien, si tous les deux auront un mesme feu, attendu qu'il y a certaines viandes qui veulent estre cuites à plus grand feu & d'autres à moindre, partant si on veut que chasque pot aye son feu à part, il faudroit en ce cas faire une separation entre deux, fust ce de briques, ou bien aussi par le moyen d'une piece de fer battu, & alors il faut prende la place du sol d'autant plus longue.

Ie retiendray ici l'exemple avec une separation, & ainsi faudra que le sol susdit soit allongè d'autant que la separation importe. Partant le sol sera parti en deux, en sorte qu'une chascune partie aura en son espace interieur sept poulces en largeur & autant en longueur. Sur ce faudra en outre poser une rengee de briques, avec une separation passant par le milieu, en la maniere que voyés en *la Figure marquee du nombre* 28. laquelle se rapporte ici. Or en icelle vous voyés en chasque partie un trou: vous ordonnerès donc au devant une brique pour l'estouper, ou bien un petit huis pour le fermer. *Sol miparti.* *Trous aux cendres.*

Barres pour le gril. Puis il vous faudra en outre poſer par deſſus ceſte rengee de briques quelques barres de fer quarrees en forme de gril, en la meſme maniere, comme je vous ay monſtré ci-deſſus és fourneaux artificiels, & ſelon qu' elles ſont ici en quelque ſorte repreſentees par ces lignes picquotees, & alors eſlever le mur & ſon entredeux auſſi haut que les pots le requerrent, c' eſt à dire, juſques à tant que les pots, (comme on l' entendra tantoſt) pendront entierement en l' air, & y aura encores entr' eux & le gril, l' eſpace de trois ou quatre poulces, & ainſi que le feu puiſſe d' autant mieux ardre deſſous & à l' entour d' iceux pots. *Embouchеure du fournea* Toutesfois faut ici neceſſairement prendre garde, que par deſſus un chaſcun trou à cendres, il faut qu' il y aye une embouchure & devant icelle un huis de fer battu bien joignant, tout en la meſme maniere, comme ſont ceux que nous avons deſcrits ci-deſſus au 18. Chapitre, la grandeur de l' embouchеure ſera telle, qu' on puiſſe commodément mettre par icelle le bois ou le charbon dedans le fourneau ſur le gril. *Petit huis pour l' emboucheure.* Mais il faut faire forger auparavant une rame quarree de fer, & puis y faire tenir avec des clous les jointures de l' huis, autrement vous ne pourriés faire tenir l' huis aſſés ferme. I' ay fait delineation d' un tel huis aupres du fourneau à cuiſiner, & l' ay marquee *du nombre* 29. Ne reſte plus autre choſe ſinon que finalement poſiés par deſſus le plus commodément que poſſible les deux coffres ſuſdits, & les faciés tenir avec une argille deſmeſlee avec du poil en les bien aſſeurant.

Pertuis pour la fumee. Seulement faut encore ſçavoir, qu' apres tout il convient de laiſſer quatre pertuis ouverts autour d' un chaſcun coffre. Partant faudra ſemblablement avoir auparavant appreſté huict broches, leſquelles ſeront faites à la façon de celles, des quelles on ſe ſert en l' art de diſtiller, un peu groſſes en haut, ou pour mieux dire, pointues en bas, & icelles tenir toutes preſtes: Alors vous enduirés tous ces huict trous ouverts,

verts, en sorte que tousjours les broches susdites passent à travers & soyent quant & quant aussi plastrees ; toutesfois en telle maniere, que vous remuyés par fois icelles broches devant qu'elles se seichent trop fort dedans l'argille, ou bien devant que les enduisiés, vous les engraisserés toutes tout à l'entour avec du suif, & par ainsi, quand l'argille sera seichee, elles sortiront aisément d'elles mesmes. Ainsi sera le dit fourneau à cuisiner entierement accompli, avec toutes ses appartenances, selon qu'on pourra contempler plus clairemēt, que par plus ample description, pour meilleure addresse & intelligence de l'un & de l'autre, sçavoir comment il est formé, comme aussi semblablement, les pots y sont posés, *la Figure* du fourneau tout entier marquee *du nombre* 30.

Comment il faut accommoder les broches pour la fumee.

CHAP. XXVII.

De l'usage de ceste nouvelle sorte de fourneau artificiel.

DAutant qu'en tous fourneaux, il faut avoir plus d'un de ces pots qui sont fragiles, ce qui plaist fort bien aux potiers, mais desplaist fort aux cuisinieres, aussi est il necessaire en l'usage de ceste nouvelle sorte, que devant toutes choses, on aye provision de pots divers, voire de grands, & de petits pots à cuisiner, toutesfois qu'ils soyent tous accommodés avec une telle coffreure ou ceinture, comme il a esté declaré, encore qu'ils soyent grands ou petits, toutesfois que ladite ceinture y soit bien ferme, laquelle s'estendra necessairement plus large és petits, qu'és grands, en sorte neantmoins qu'elle ne sera jamais trop large, mais tousjours selon la mesure que requerra le coffre à sablon.

Quand donc un tel pot plein de viande cruë sera pendu dedans icelui coffre à sablon, & que le sablon estant mis tout à l'entour en sorte qu'il ne puisse sortir aucune fumee : Il faut sçavoir, qu'alors il convient tirer hors toutes les quatre broches, qui sont fichees à l'entour du pot és quatre pertuis à la fumee, & les mettre aupres du pot, pour les avoir à la main, & les pouvoir prendre vistement, si on en a affaire, puis ferés le feu sous le pot, avec du bois ou avec du charbon, en la maniere que nous avons declaree ci-dessus en l'usage des fourneaux artificiels, par l'emboucheure, & si vous voulés, pourrés tousjours tenir clos l'huis, que si le feu est trop fort, on clorra aussi en partie l'huis aux cendres ; le bois estant brusle & en braise, on pourra, en estoupant moyennement les trous à la fumee, entretenir longuement & à plaisir, la vertu de la braise, que si la braise est encore trop chaude, on pourra serrer un peu plus fort, & si on veut, fermer le tout, tant le trou aux cendres, que les trous à la fumee.

Notable.

En fin faut ici prendre garde, que du commencement il ne faut pas que les broches pour les trous à la fumee, entrent contre bas à plomb, mais aucunement de travers, par tant faudra ordonner en ceste maniere les pertuis ; ce que l'usage apprendra en brief.

Ainsi aurés desormais le susdit fourneau à cuisiner, selon que je le vous ay descrit & representé à veuë d'œil, par lequel, au moyen de la chaleur captivee, vous pourrés fort bien cuire & apprester naturellement & à bon goust toute sorte de viande, avec incroyablement peu de bois, ou du charbon, car le charbon est fort commode en ces fourneaux. Et combien que ceste mienne bonne intention, sera paravanture de plusieurs mesprisee, ou bien mesme du tout rejettee, si ay je, comme dit à esté, escrit & publié cest œuvre, non pour les Princes & grands Seigneurs, mais simplement & seulement pour le bien des communs mesnagers. A Dieu.

CHAP.

CHAP. XXVIII.

Touchant toutes sortes des grandes chaudieres usitees és mesnages communs tant pour faire la buee, que pur teindre, comment il les faut accommoder, afin qu'elles n'ayent besoing de si grand feu, comme par ci-devant.

EN fin il me semble, que si quelqu'un a seulement compris l'instruction sus escrite, & entendu la façon & proprieté des grils, qu'un tel en prenant le 26. Chapitre, touchant l'entour du fourneau à cuisiner, pourra, sans doute, de soyesme & du tout aisément, sans plus ample instruction, ordonner & accommoder une petite chaudiere, soit pour brasser, teindre, ou pour faire la buee, pour s'en servir beaucoup plus profitablement, qu'on n'à fait jusques à ce temps ici; attendu que pour ce faire, il n'est besoing d'autre advantage, sinon seulement ce qui a esté declare la mesme audit 26. Chap. en la description du fourneau à cuisiner: Toutesfois aura bien ceste discretion, que selon que la circonference de la chaudiere, qui est ou ronde, ou à quatre coings, l'entour doibt estre aussi rond ou à quatre coings, en sorte que le feu aye assés de place pour jouër à l'entour de la chaudiere. Mais quant aux broches qui sont pour la fumee, faudra derechef considerer, qu'il les convient prendre grandes ou petites selon la proportion de la grandeur ou petitesse de la chaudiere: toutesfois en cest endroit on sçaura pour la fin, que je n'ay peu ici donner aucune proportion asseuree, qu'il vaudra beaucoup mieux de faire plus de ces pertuis à fumee, que d'en faire trop peu.

Par

Par ainsi en l'usage d'un tel gril, de l'huis aux cendres & à l'air, qui est en bas, comme aussi de l'huis ordinaire du fourneau, qui sera fait à l'entourure, vous remarquerés un fort grand profit, si seulement vous vous en sçavés servir selon la maniere, que j'ay monstree ci-dessus au fourneau à cuisiner. Car quand on aura ouvert les trous d'enhaut, qui sont pour la fumee, & puis ayant posé le bois par l'huis ordinaire, & icelui allumé, on pourra serrer quand & quand le grand huis ordinaire fait de fer battu, qui est par dessus le trou aux cendres, (lequel trou aux cendres, pour les causes souvent alleguees, peut aussi servir de trou à l'air, comme aussi il le fait au fourneau à cuisiner) ainsi le feu aura par ce moyen assés d'air, & sera ainsi captivé en sa pleine flamme, en sorte qu'il est force qu'avec un peu de bois une grande chaudiere s'eschaufe: Que si en fin on veut, apres que le bois sera reduit en braise, tenir une espace de temps la chaudiere en bonne chaleur, on estoupera tant plus de trous à la fumee, & si serrera on tant plus pres le petit huis d'embas, qui est pour l'air.

FIN.

Die Wandt oder Maur.
La paroy, ou la muraille.

Ca.25
26.
Ca.26
30.
27
29
28
Ca.28
31.

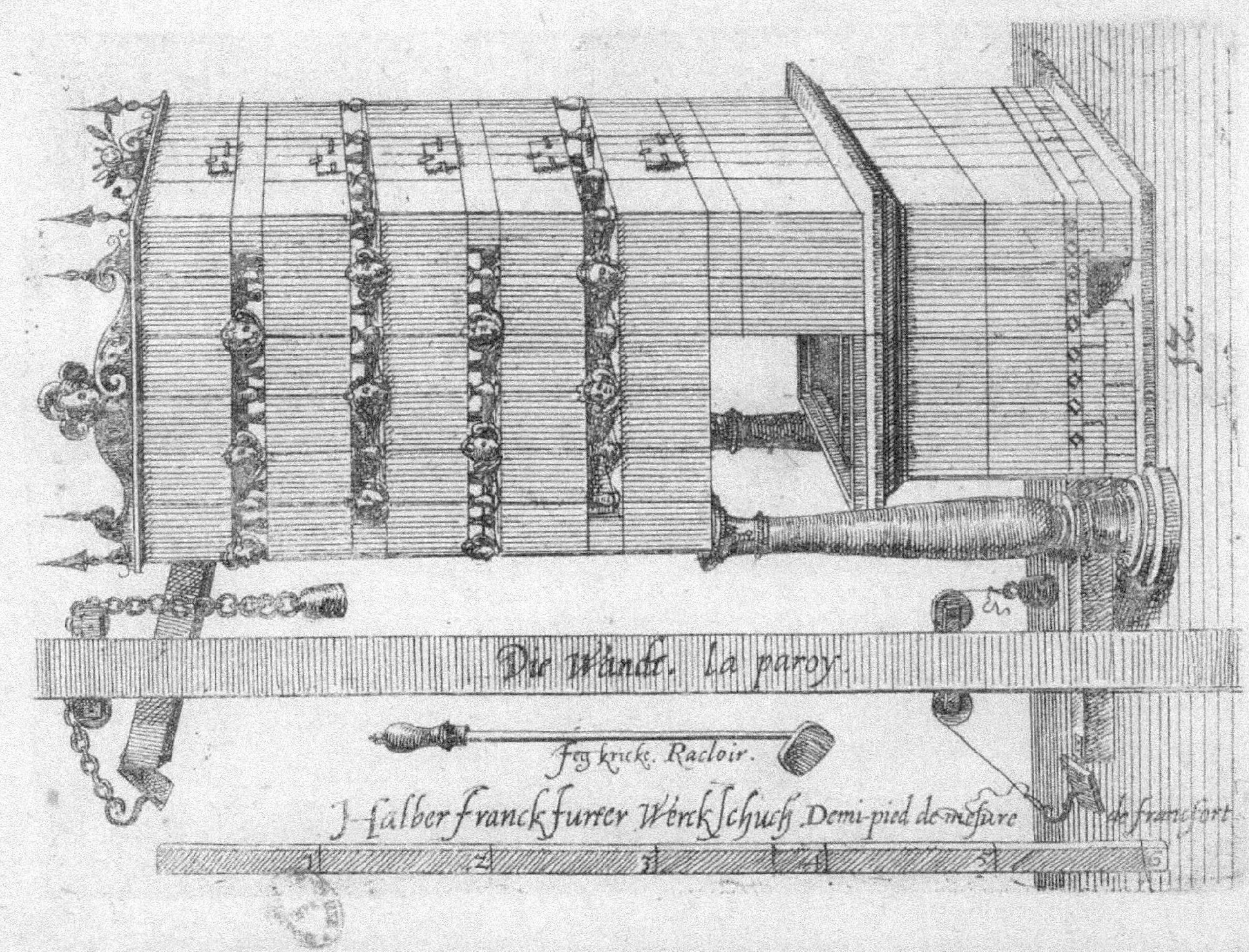
Die Wändt. La paroy.
Feg kricke. Racloir.
Halber franckfurter Werckschuch. Demi-pied de mesure de francfort.
1
2
3
4
5
6

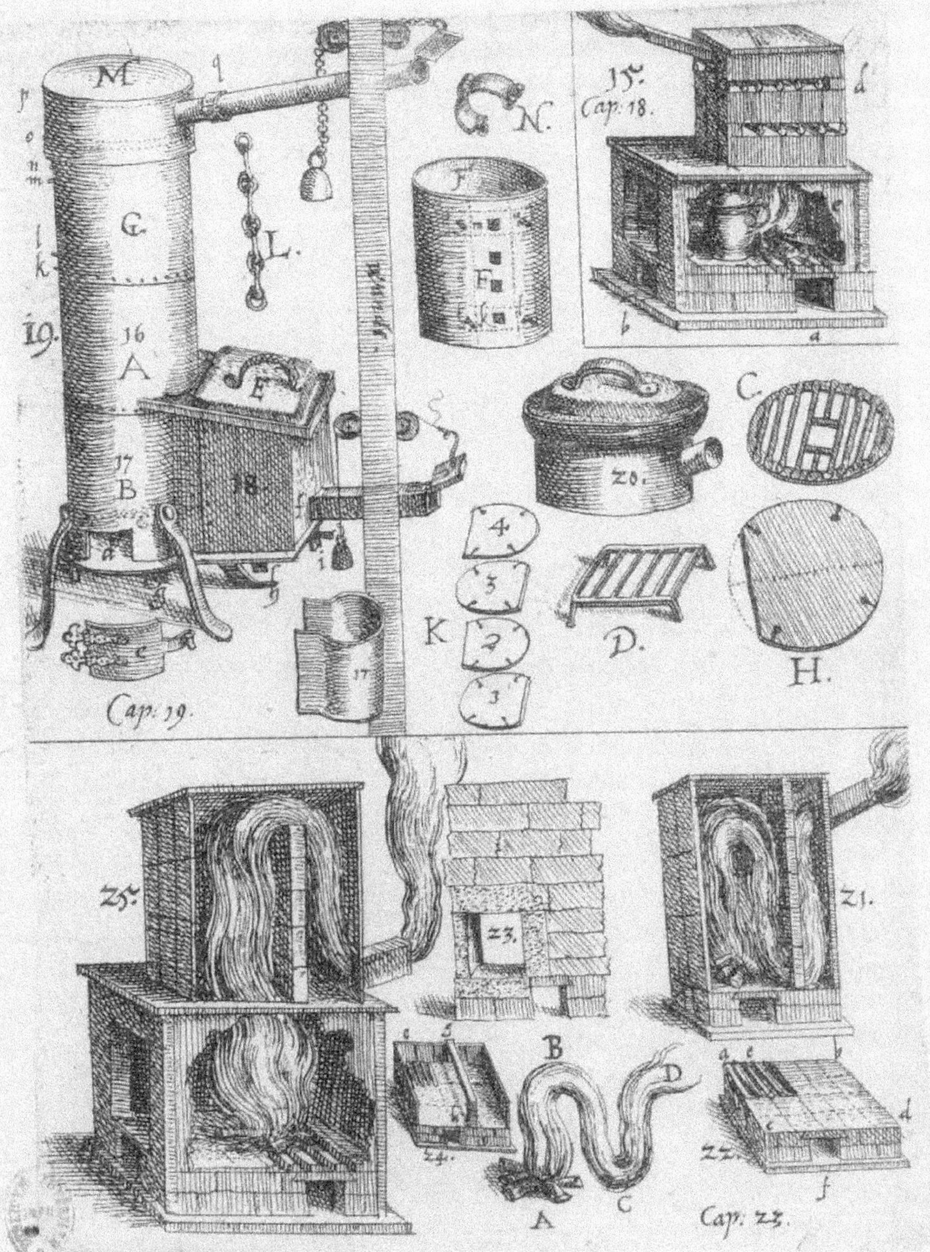
M
G
19.
A
B
E
18
L.
N.
F
15.
Cap. 18.
C.
20.
K
D.
H.
Cap. 19.
25.
23.
21.
B
D
24.
A
C
22.
Cap. 23.

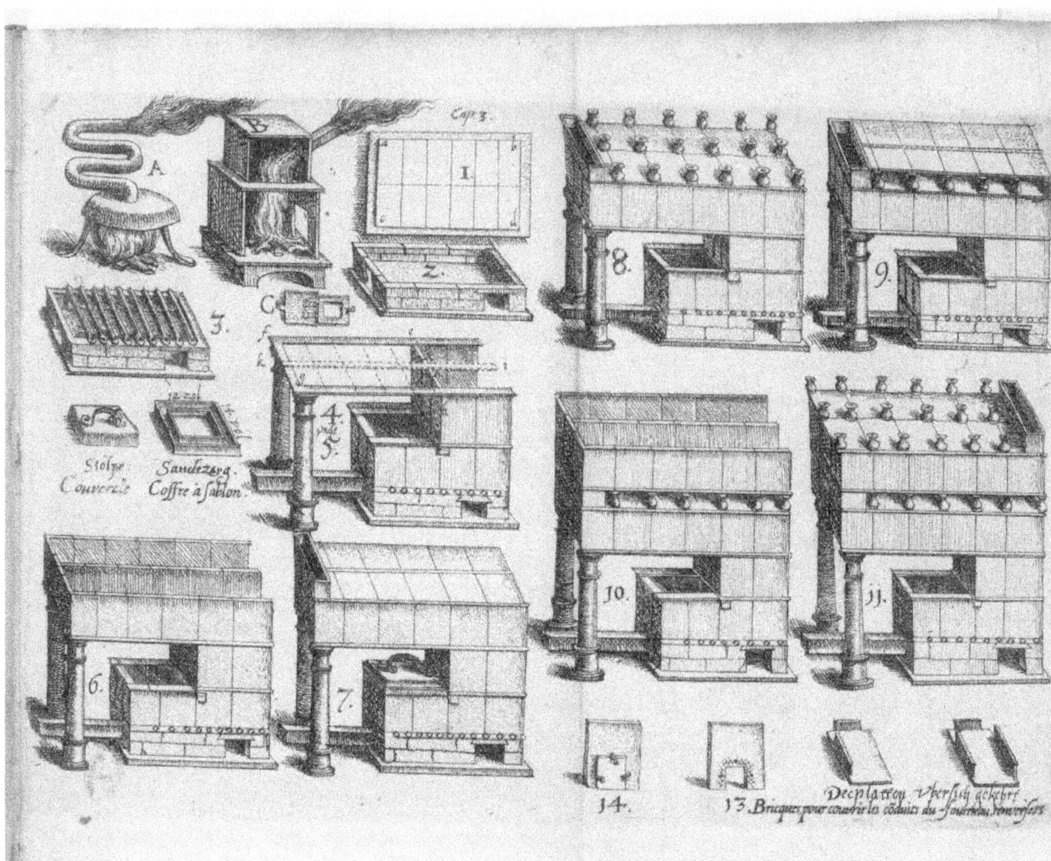
Cap. 3.
A.
B
C
1.
2.
3.
4.
5.
6.
7.
8.
9.
10.
11.
Stolpe
Couvercle
Sandtzarg.
Coffre à sablon.
14.
De platten vbersich gekehrt
13. Bricques pour couvrir les côduits du fourneau renversées

www.ingramcontent.com/pod-product-compliance
Ingram Content Group UK Ltd.
Pitfield, Milton Keynes, MK11 3LW, UK
UKHW021105270726
13993UKWH00006B/1028

9 782329 239910